한 달간의 아름다운 도전

아프리카 · 인도 편

한달간의 아름다운 도전 - 아프리카 · 인도 편

지 은 이 | 김종년
펴 낸 이 | 김원중

편   집 | 이민수
디 자 인 | 박선경
제   작 | 최은희
마 케 팅 | 권영재
펴 낸 곳 | DDK(주)
      도서출판 선미디어
초판인쇄 | 2005년 2월 10일
초판발행 | 2005년 2월 15일

출판등록 | 제2-2576(1998.5.27)

주   소 | 서울시 은평구 대조동 38-4
      월드빌딩 5층 전관
전   화 | (02)355-4338
팩   스 | (02)388-6008
홈페이지 | http://smbooks.com

ISBN 89-88323-66-1 03930

값 12,000원

한 달간의 아름다운 도전

아프리카·인도 편

도서
출판 선·미디어

글을 시작하며

35년간을 한 집에서 고집스레 살고 있을 만큼 변화에 둔감하고 보수적이며 내성적인 성격의 나는 취미생활도 동적인 것보다는 정적인 것을 좋아해서 오랫동안 난과 분재를 가꾸어왔고, 틈이 나면 화랑가에 드나들며 그림 감상하는 것을 유일한 낙으로 살아왔다.

그러던 내가 배낭 하나만 의지하고 지구촌 오지를 이곳 저곳 찾아다니며 여행을 할 수 있게 된 것은 돌이켜 생각하면 경이로운 일이 아닐 수 없다.

내가 처음 여행에 눈을 뜨게 된 것은 1978년 송희성 선배님의 권유로 동남아여행을 따라나서면서부터였다. 그 때만 해도 외국의 초청장이 있어야 여권과 비자가 나올 정도로 까다로운 시절이었다.

처음 시작한 여행은 당시에는 이름도 생소한 배낭여행으로 한 달 동안 대만, 태국, 싱가포르, 말레이지아, 홍콩, 일본 등 동남아를 돌아오는 코스였다. 이렇게 시작된 여행이 때로는 여행사의 패키지 코스를 따라 다니다가 2000년 겨울부터는 본격적으로 배낭을 메고 지구촌 오지를 찾아 나서게 되었다.

고등학교 교사인 덕에 나는 여름방학과 겨울방학이라는 귀한 시간을 선물로 받았다. 매년 여름방학과 겨울방학을 한두 달 앞두고 일단 다음 여행지를 결정한 후, 그 지역 특성에 따른 전문여행사를 찾아가거나 가이드북을 참고하거나 인터넷을 통해 그 지역의 정보를 탐색하여 여행을 준비하곤 한다.

연세가 아흔아홉이신 노모를 아내에게 맡기고 배낭 하나만 걸쳐 멘 채 홀쩍 떠나가는 남편을 서운한 내색 한 번 하지 않고 항상 잘 다녀오라고 배웅해 주는 사랑스런 아내가 있었기에 지금까지 마음 놓고 여행을 할 수 있었다. 평소 아내에게 표현하지 못한 고마운 마음을 늦게나마 이 여행기를 통해서 전하고 싶다.

인생은 나그네 길이라고 하였든가, 예순이 홀쩍 넘은 나이지만 배낭을 앞뒤로 메고 세계의 젊은이들과 함께 지구촌 오지를 찾아다니며 미지의 세계를 만날 때마다 여행의 피로는 바람처럼 씻겨지고 새로운 힘이 솟구치곤 한다. 모든 것이 여행이 지니고 있는 마력 때문이리라.

아프리카의 최고봉인 킬리만자로 트레킹은 너무 힘든 고행길이었지만 우후루 정상에 섰을 때의 환희는 그 무엇과도 바꿀 수 없는 것이었으며, 인도의 Camel Safari, 왕정의 나라 네팔의 사원, 유적들은 또다른 세계로의 여행이었다.

여행을 하다 보면 일상의 가면과 단조로움으로부터 해방되어 한

없이 자유로운 또 다른 시공 속에 자신이 새로 태어나고 있음을 느끼게 된다. 그 중에 옷깃을 스치고 지나간 수많은 인연들이 잊지 못할 추억으로 영원히 간직되길 바라는 마음으로 현지에서 틈틈이 기록한 단상과 경험들을 자그마한 책으로 엮었다.

글재주가 없지만 여행을 하면서 보고, 듣고, 느낀 점들을 일기를 쓰듯 정리하여 세상에 내놓게 되었다.

이 책이 태어날 수 있도록 도와주신 선미디어의 김원중 사장님과 많은 조언을 해 주신 여러분들께 진심으로 감사드리며 특히 원고 작성에 많은 조언으로 도움을 주신 이춘기 선생님에게 깊은 감사를 드린다.

아무쪼록 이 작은 책이 앞으로 여행을 계획하는 많은 이들에게 조금이나마 도움이 되기를 진심으로 기대한다.

2005년 2월

김 종 년

추천사

　여행이라는 단어는 참으로 마음을 설레이게 하는 매력을 가지고 있습니다. 사람마다 여행에 대한 생각이 다르겠지만 저에게 있어 여행이란 쉼을 의미했습니다. 나를 돌볼 겨를도 없이 일만 하다가 시간의 여유가 조금 생기면 가까운 곳으로 여행을 떠나 조용히 쉬고 돌아오곤 했습니다.

　혹자에게는 여행이 추억과 낭만이 될 수도 있고, 혹자에게는 가족과 함께 나누는 시간일 수도 있고, 혹자에게는 사랑의 속삭임 일수도 있고, 혹자에게는 도전일 수도 있습니다.

　내가 아는 김종년 선생에게 있어서 여행은 하나의 사명감 같아 보입니다. 그는 자신이 여행을 해야 하는 사명을 부여 받은 사람인 양 방학이면 꼭 1달 씩 여행을 떠납니다.

　젊지 않은 나이임에도 불구하고 꼭 배낭여행을 고집합니다. 틀에 짜여진 대로 보고 오는 것이 아니라 발 닿는 대로 마음 가는 대로 가야 하고, 보고 싶은 것을 보고 와야 하는 그의 성격 때문일 것입니다.

　더구나 그는 남들은 잘 가지 않는 곳, 남들이 잘 모르는 곳, 지구촌의 오지를 여행하는 것을 좋아합니다. 미지의 세계를 찾아 지구의 구석구석을 찾아 떠나는 것입니다.

　편안한 쉼을 위한 여행이 아니라 도전하는 여행을 하는 그의 모습에서 나이는 숫자일 뿐이라는 것을 다시 한 번 깨닫게 됩니다.

치안상태가 좋지 않은 아프리카, 다양한 문화로 너무나 이질적인 인도 등 여행을 하기에 쉽지 않은 곳이지만 그곳으로 떠나기 위해 공부하고 여행일정을 잡는 모습을 보고 그리고 힘들게 계속되는 강행군의 여행 속에서도 하루도 거르지 않고 그 날 있었던 일과 보고 느낀 것을 메모해 온 노트를 보고 진정한 배낭여행 마니아, 여행의 달인이라는 말을 떠올리게 되었습니다.

김종년 선생이 이번에 자신의 여행을 기행문으로 꾸민 책 "한 달 간의 아름다운 도전 - 아프리카 · 인도 편"을 세상에 내놓게 되었습니다.

철저히 준비하고 사전 정보를 알고 떠난 여행과 설레임과 기대만을 갖고 떠난 여행에서 보고 느끼는 바는 천지 차이입니다.

더 많은 것을 보고 느끼고 돌아오는 여행, 소중한 추억을 가지고 돌아오는 여행이 되기를 바라는 자들에게 이 책을 적극 추천합니다. 이 책을 가지고 떠나는 여러분의 여행은 든든한 가이드를 동반하고 떠나는 여행이 될 것입니다.

다시 한 번 김종년 선생의 "한 달 간의 아름다운 도전" 발간을 축하드리며, 또다른 도전과 정복이 계속 되기를 기대해 봅니다.

2005년 2월
전 한양대학교 부총장 강 명 순

CONTENTS

CONTENTS

검은 대륙 아프리카를 찾아서

　방학이 다가오자 내 머리 속에는 검은 대륙 아프리카가 오락가락 하더니, 급기야는 여행중독증 환자처럼 되었다. 시간이 나는 대로 컴퓨터 앞에 앉으면 인터넷에 들어가 아프리카에 대한 정보를 찾아보기도 하고, 아프리카 전문여행사를 찾아가서 정보를 얻기도 하였다.

　여행지를 아프리카로 정했다고 하니 아내와 외국에 나가있는 아이들까지 반대와 걱정이 만만치 않았다. 케냐의 나이로비나 남아프리카 요하네스버그는 치안상태가 좋지 않아 혼자 배낭여행을 하기에는 위험하다는 이야기를 아내가 어디서 들은 모양이다. 주위의 걱정에도 내가 결심을 굽히지 않자 아내는 아프리카를 전문적으로 안내하는 여행사를 따라가라고 하

면서 그래야 가족들이 마음을 놓을 수 있을 것 같다고 했다. 아내는 배낭여행에는 관심이 없어 여행을 같이 가는 경우가 거의 없다. 혼자서 떠나는 여행이라 아내와 가족에게 미안한 생각이 들어 근심이나마 덜어주기 위하여 아내의 뜻에 따르기로 하였다.

어찌 보면 예순의 나이로 지나친 의욕과 용기를 앞세워 만용을 부리고 있는지도 모른다. 하지만 아프리카 전문여행사를 따라가기로 결정을 하고 나니 그동안 긴장되었던 마음이 편안해지며 떠나는 날을 손꼽아 기다리게 되었다.

이번 여행의 주요 목표는 검은 대륙 아프리카의 최고봉인 킬리만자로 정상 "우후루"를 정복하고, TV에 많이 소개된 동물의 왕국 탄자니아의 "세렝게티" 국립공원과 "응고롱고로" 자연보호 구역을 찾아가 수십만 무리의 동물가족을 만나보고, 말라위의 "이라라" 호수를 따라 모잠비크를 거쳐 짐바브웨로 입성하여 세계 3대 폭포 중의 하나인 "빅토리아"의 장관과 대자연의 감동을 만끽하고, 남아공의 끝자락인 "희망봉"을 찾아가 인도양과 대서양이 도킹하는 교차지점을 바라보며 여행하는 일이다.

케냐

케　냐

오후 2시쯤 어머니께 여행 잘 다녀오겠다고 인사를 드리고 현관문을 나서자 갑자기 먹구름이 끼고 돌풍이 불면서 폭설이 쏟아지기 시작한다. 어렵게 택시를 잡았지만 도로가 빙판이 되어 거북이처럼 엉금엉금 기어서 삼성동 공항터미널에 도착하였다. 아내의 배웅을 받으며 인천공항으로 출발하는 리무진버스에 올랐다.

17시 30분에 인천 국제공항 J카운터 앞에 도착하니 여행을 같이 갈 일행들이 먼저 나와서 기다리고 있었다. 이번 아프리카 팀은 인솔자를 포함해서 13명으로 구성되었는데, 남자 5명, 여자 8명이었다. 그 중 내가 제일 연장자이고 젊은 여대생 친구까지 연령대는 다양하였다. 젊은 친구들이 나로 인해 부담을 느끼지 않도록 열린 마음으로 세대 차이를 극복한다면 즐거운 여행이 될 것으로 생각되었다.

출국수속을 마치고 대기하고 있던 중국항공 CX147기에 탑승하였다. 예정시간보다 약간 늦은 밤 8시가 되어서야 인천 국제공항을 이륙한 비행기는 3시간 30분 정도 비행한 끝에 홍콩의 "첸랍콕" 국제공항에 도착하였다. 공항에서 1시간 정도 대기하다 이곳 시간으로 밤 11시 50분에 요하네스버그로 출발하는 남아공의 SA여객기에 탑승하였다.

밤하늘에 무수히 떠있는 별빛 사이로 인도양 상공을 횡단 비행하는데 여객기 꼬리 부분이 상당히 흔들렸다. 불안한 마음에 잠시나마 생과 사를 생각하였다. 밤이 깊어지면서 피로가 쌓이니 생사의 불안도 졸음 앞에는 어찌할 수 없는 모양이다.

홍콩을 출발한 비행기는 14시간을 날아서 남아프리카의 요하네스

아프리카 모든 지역은 동물들이 생존하기에 적당한 천혜의 자연 환경을 고루 갖추고 있다. 그 중에서도 케냐를 "동물의 왕국"이라 일컫는 까닭은 일찌감치 환경을 정비하면서 자연을 훼손하지 않고 온전히 잘 보존했기 때문이다.

야생동물의 다양함은 탄자니아가 수적으로 월등히 많지만 관광객 수는 케냐가 압도적으로 많다고 한다. 세계 각국에서 찾아오는 관광객은 먼저 케냐의 나이로비를 들렀다가 이곳을 중심으로 동아프리카 각지를 여행한다.

동아프리카의 정치·경제·문화 등 모든 분야의 중심인 나이로비는 여행자에게 안식처이자 출항지이기도 하다.

1. 수도 - 나이로비
2. 시차 - 한국보다 6시간 느리다
3. 화폐 - 실링(Ksh)과 센트(C) 1 Ksh = 100C
4. 언어 - 영어와 스와힐리어가 공식언어이며, 부족마다 다른 부족어를 사용한다
5. 종교 - 기독교와 카톨릭 비중이 크며, 그 외 아프리카 전통 토착신앙과 이슬람교 등이 있다

버그에 현지시간으로 아침 7시에 도착하였다. 공항 면세구역에서 3시간 정도 머물다가 10시경에 케냐의 나이로비로 향하는 비행기에 탑승하였다. 4시간을 비행한 끝에 나이로비에 도착한 것은 이곳 시간으로 오후 3시였다.

인천에서 나이로비까지 비행시간만 장장 21시간 20분이 소요되었고, 대기시간까지 포함하면 꼬박 하루가 걸려 도착한 것이다. 지구 반대편 아프리카를 실감할 수 있었다.

나이로비 공항에서 US 50달러를 지불하고 케냐의 입국 비자를 받아 공항을 빠져 나와 대기 중인 버스에 올랐다. 숙소로 오는 도중 시내 중심지에 위치한 파괴된 미국 대사관을 잠시 구경하면서 숙소인 YMCA에는 오후 4시경에 도착하였다.

여행기간 동안 가이드 송호철씨와 같이 룸메이트가 되기로 하고 방을 정하여 하루의 여장을 풀었다.

우리 일행과 같은 여행 일정을 가지고 인천 국제공항에서부터 같은 비행기를 타고 온 C씨와 Y씨는 여행경비를 줄이려고 항공권만 끊고 여행사 몰래 우리 팀에 합류하여 무임승차하려는 얌체족 노릇을 하려 한다. 그렇게 해서 두 사람이 200만원 정도를 절약하고, 우리 팀에 합류하여 100만원을 공동회비로 내겠다고 가이드에게 제의를 해온 모양이다.

두 사람의 태도를 수상히 여긴 여행사가 출국 전에 우리 일행 몇 사람에게 귀띔을 해주며 절대로 받아들이지 말라는 부탁을 했다고 한다. 그래서인지 일행들은 이구동성으로 그들과 동행할 수 없다는 강경한 태도를 보였다.

그러나 그들의 소행은 괘씸하지만 50대 중반을 넘긴 이들을 이역만리 아프리카 땅까지 와서 동포가 챙기지 않으면 어떻게 할 것인가 하는 마음에 걱정도 되었다.

가이드가 나에게 중간 역할을 부탁하여 일행들과 논의를 해보았으나, 오히려 가이드가 데리고 온 것으로 오해하게 되어 여행기간 내내 불화의 원인을 제공하게 되었다.

셋 째 날

    어제 밤에는 오랜 비행으로 시차적응이 안되었는지 깊은 잠을 이루지 못했다. 새벽 3시 경에는 양다리 허벅지에 경련이 일어나며 근육이 마비되어 한동안 손으로 마사지를 하며 풀어야 했다. 이번 여행을 위해 헬스클럽에서 기초 체력을 오랫동안 단련했기 때문에 건강에는 자

나이로비 빈민가 아이들과

신이 있었는데 왠지 출발점인 케냐에서 제동이 걸릴까봐 은근히 걱정이 된다.

일찌감치 일어나 숙소 주변을 산책하며 가벼운 체조로 몸 컨디션을 체크하여보니 지난 밤과는 달리 기분이 상쾌하다. 아침은 간단히 버터와 잼을 바른 토스트와 모닝커피 한 잔으로 해결했다.

시내 관광을 나서는데 YMCA 현관문 앞에서 백인 노인이 우리 일행을 기다리고 있었다. 이름은 Tom이며 나이는 70세로 평생을 아프리카 어린이를 위하여 봉사하는 것을 낙으로 알고 살아가는 사람이라고 자기를 소개하였다. 우리는 그 노인을 따라 그가 봉사활동을 하는 빈민가를 방문하기로 하였다.

9시 30분에 YMCA를 출발하여 빈민가로 가는 도중에 시크교, 힌두교, 모슬렘사원, 교회 등 종교 사원인 듯한 건물들을 많이 볼 수 있었다.

건축한 지 오래되어 금방 무너질 것 같은 6층 아파트에는 집집마다 베란다에 누더기 옷을 빨아 널어 놓았다. 옷을 말리고 있는 풍경이 이색적이었으나 흉물스러워 보였다.

빈민가 (Mathare 4A)에 도착하자 이방인이 신기한 듯 골목마다 어린이와 돼지까지 무리를 지어 나와 우리 일행을 졸졸 따라다닌다.

국민소득 100불 미만인 케냐

나이로비 빈민가 아파트 모습

나이로비 빈민가의 일요일 예배

인의 삶을 그동안 TV 화면을 통하여 알고는 있었지만 현지에 와서 보니 훨씬 더 심각함을 피부로 느낄 수 있었다. 한국의 6 · 25 전쟁 후 수도 서울의 청계천 뚝방을 케냐의 "나이로비"에 재현해 놓은 것처럼 보였다.

주변의 열악한 위생환경이 각종 전염병에 그대로 노출되어 있고 의료시설이 없어 어린이들이 병들면 치료 한 번 제대로 받아보지 못하고 죽어 나가고 있는 실정이라고 한다.

Tom 노인이 우리 일행을 빈민가로 안내한 이유는 어떤 뜻을 담고 있을까? 성금 같은 것을 요구하지는 않았지만, 처절한 빈민들의 삶을 통하여 관광객에게 어떤 메시지를 분명히 전하려는 것 같았다. 아무런 도움도 주지 못하면서 관광 삼아 그들의 현실을 바라본 자신이 쑥스럽고 부끄럽게만 느껴졌다.

동네 한가운데 넓은 공터에는 구세군 교인들 100여 명이 모여 일요일 예배를 드리고 있었다. 검은 얼굴에 하얀 가운을 걸치고 깃발을 세워놓고 큰북을 두드리며 노래하고 춤추며 예배를 드리는 모습이 매우 이색적이다.

우리 일행은 약간의 성금과 옷가지, 볼펜 등을 Tom 노인에게 전하고 빈민가 어린이들의 애처로운 전송을 받으며 무거운 발길을 돌렸다.

나이로비 시내에서 약간 떨어진 곳에 위치한 박물관을 찾아간다는 것이 택시기사가 "기린 센터" (Giraffe Center) 앞에다 내려놓고 가버렸다.

기린 센터의 기린

할 수 없이 기린 센터를 관람하기로 하고 입장료 500 실링 (1US=74 Kshs)을 내고 들어갔다. 기린과 멧돼지를 주로 사육하는데, 관광객이 찾아오면 막대기로 양동이를 두드려 둥둥 소리를 내면 기린들이 모여든다.

고개를 높이 치켜들어야 보이는 기린의 눈은 참으로 매혹적이고, 긴 갈색 혀에 먹이를 올려주면 날쌔게 챙겨 입을 비틀며 먹는 모습이 우스꽝스럽다. 그러나 구경거리에 비해 입장료가 너무 비싸게 느껴졌다.

카렌 블릭센 박물관 앞에서

며칠 후에 "응고롱고로와 세렝게티"를 여행할 계획이 있는데 괜한 경비를 낭비했다는 생각이 들었다.

기린 센터를 나와 다음 관광지로 "카렌 블릭센 박물관" (Karen Blixen Museum)을 찾아가 200 실링의 입장료를 내고 들어갔다. 우리에게 널리 알려진 영화 "사랑과 연민 끝에"의 원작 "Out of Africa" (아프리카의 나날들)를 쓴 덴마크의 여성작가 "아이작 디네센"의 주택이다.

이 박물관은 그녀가 1917년부터 1931년까지 살았던 식민지 풍의 저택으로 그때의 가구와 책이 그대로 잘 보존되어 있다. 침대에 걸린 아름다운 호박 구슬과 모자로 그녀 생전의 모습을 연상해 볼 수 있었다.

카렌의 집과 연결된 커피농장에는 일정한 간격으로 커피나무가 심어져 있으며 포도송이처럼 작은 커피 열매가 퍼렇게 주렁주렁 달려있다.

커피농장 안쪽의 레스토랑 정원에는 케냐의 전통의상을 차려입은 십여 명의 건장한 흑인 사내들이 경쾌한 리듬에 맞추어 춤과 노래로 관광객들의 시선을 끌고 있었는데, 배낭여행하는 우리들이 이곳에서 점심식사를 즐기기에는 다소 부담이 될 것 같아 나이로비 시내로 돌아왔다.

오늘이 일요일이라 시내의 레스토랑과 대부분의 상가가 서터를 내린 가운데 무장 경비원들이 지키고 있다. 심지어 구멍가게도 손님이 점포 안으로는 들어갈 수 없도록 쇠창살로 방범창을 설치하여 놓았다. 이렇듯 아프리카의 요하네스버그와 나이로비의 다운타운은 치안이 불안한 것으로 여행객에게 널리 알려진 곳이다. 길거리를 두리번거리는 내 모습이 수상한지 무장경관은 나를 위아래로 훑어보며 감시하는 듯했다. 괜스레 불안한 생각이 들어 카메라 및 소지품을 단단히 챙기고 강도와 들치기 예방에 정신을 각별히 신경을 쓰며 다녔다.

점심시간이 한참 지나고 보니 허기진 뱃속에서는 야단법석이 났다. 슈퍼마켓에 들러 식빵과 우유를 사서 들고 나와 닫힌 은행 출입문 앞 계단에 앉아 먹으려니 지나가던 꼬맹이도 배가 고픈지 같이 나누어 먹자고 한다.

현재 케냐의 대통령은 제3대인 Mwai Kibaki이다. 케냐 건국의 아버지 조모 케냐타 초대 대통령의 정치력에 힘입어 독립 이후 정치에서는 내정과 외교가 안정을 이루었고, 케냐타 사후에도 Mwai Kibaki의 지도 아래 사회 안정은 계속 유지되고 있다.

하지만 이 나라의 풍요로움은 경제력을 쥐고 있는 소수 인도인과 일부 정치인의 생활에서만 볼 수 있을 뿐, 대다수 국민들은 예전부터 이어져 내려온 소박한 생활을 하고 있다. 이렇게 빈부격차가 심하면서도 케냐는 동아프리카에서 가장 풍요롭고 안정된 나라라고 할 수 있다.

케냐의 수도 나이로비 (Nairobi)는 인구 약 200만 (1991)의 아프리카를 대표하는 얼굴과 유럽의 구 식민지라는 두 얼굴을 가지고 있다.

동아프리카에서 가장 번창한 도시로, 시티 센터 지역인 다운타운에는 현대적 빌딩이 빽빽이 들어서 있고 한낮에는 비즈니스맨들로 넘쳐난다. 서부 교외에는 세련된 정원을 갖춘 유럽식 고급 주택지도 많다.

나이로비 시내 빌딩

나이로비 시내의 노점 상인들

그러나 시의 북부와 동부에는 인도식 상점가와, 이곳이 아프리카라는 것을 느낄 수 있는 주택가가 펼쳐져 있고, 기다란 단층집과 바라크가 줄지어 서 있다.

중심가인 다운타운은 치안 상태가 매우 좋지 않아 여행하는 사람들이 자주 봉변을 당하기도 한다. 이 또한 아프리카의 얼굴을 현실적으로 보여주는 한 단면이기도 하다.

나이로비라는 이름은 스와힐리어로 "맑은 물" 이란 뜻으로 아프리카에서도 물이 풍부한 도시이다. 나이로비는 남위 1.2도 (적도에서 약 140㎞ 남쪽)로 적도 위에 자리 잡은 도시이다. 하지만 해발 1,700m, 연평균 기온이 17.5℃ 에 불과하기 때문에 일년 내내 피서지라 할만한 쾌적하고 온화한 기후이다. 사계절은 없지만 3~5월은 대우기, 11~12월 중순은 소우기, 그리고 1~2월은 건기, 7~8월은 추운 건기에 해당한다고 한다.

오늘은 일정대로 나이로비에서 북쪽으로 약 88㎞ 떨어진 곳에 위치한 "나이바샤" (Naivasha)로 가기 위하여 어제 예약해둔 15인승 승합차에 오전 8시경에 올랐다.

나이로비에서 나쿠루, 엘도레트로 이어지는 A104를 북상하면서 처음 보이는 호수가 바로 **나이바샤호** 이다. 장대한 대 지구대에 가

나이바샤호의 가마우지

로놓여 있는 담수호의 면적이 자그만치 177㎢에 이른다.

  펠리컨 (사다새)이나 홍학 등의 물새가 많이 서식하고 있어 조류학자들이 여기저기서 망원경으로 관찰하는 모습이 눈에 뜨인다.

  이곳도 성기 물황인지 관광객이 거의 없고 호숫가에 매어놓은 유람선 뱃머리에 가마우지 몇 마리가 한가롭게 졸고 있다.

  절호의 포인트는 "초승달섬" (Crescent Island)인데, 정기 여객선이 없기 때문에 호텔이나 캠프장에서 모터보트를 전세 내야만 관광이 가능하다. 호수 주변에는 사람의 키를 훨씬 넘는 파피루스가 자라서 호숫가 가까이 접근하기가 어려운데 이곳은 관광객들을 위해 파피루스를 베어냈기 때문에 전망이 확 트여 사방을 관망할 수 있는 좋은 위치였다.

근처에는 "헬스 게이트 국립공원" (Hell's Gate National Park)과 "크레이터 호" (Crater Lake) 등도 있다.

옛날에 **"헬스 게이트 국립공원"**은 나이바샤호가 북쪽의 "엘레멘테이타호"나 "나쿠루호"와 함께 커다란 호수를 이루고 있었을 때, 호수 물은 남단의 올조로와 협곡, 즉 헬스 게이트 (지옥문)를 흘러서 떨어지고 있었다. 지금은 호수바닥이 초원이 되어 있고 양쪽에는 절벽이 가로막고 서 있다. 그 안에 "피셔스 타워" (Fisher's Tower)나 "엠바르타" (Embarta)라 불리는 용암이 밀려나와 굳어버린 바위 탑이 우뚝 서 있다.

공원 주변에는 흑·회·적·갈색을 띠며 유리 광택 빛깔의 烏石이 종종 발견되어 여행자들이 기념으로 가져가기도 한다.

"크레이터호"는 나이바샤호 서쪽에 자리 잡은 화구호 (火口湖)로 완만한 산허리에는 나무가 드문드문 있지만, 화구 안쪽 경사면은 나무와 풀이 빽빽이 자라서 마치 정글 같아 보인다.

1984년에 설립된 "헬스 게이트 국립공원"은 1일 입장료 US $ 27을 내고 들어가면 입구에서 캠핑도 가능하다. 케냐에서는 보기 드물게 깊은 협곡에 산책로가 있어 걸어가면서 동물을 구경할 수 있는 사파리이다. 산책로 가까이 얼룩말, 톰슨가젤, 영양, 기린 등 동물가족이 많지는 않았지만 끼리끼리 모여서 한가로이 풀을 뜯는 모습이 이색적이고 평화러워 보였다.

자동차로 헬스 게이트 국립공원 안으로 깊숙이 들어가니 "마사이"

(Maasai) 족이 모여 사는 "마사이 센터"가 나왔다.

　마사이족 마을은 1,500평 정도의 깊숙한 분지에 높이 2m 내외의 토담집들이 둥근 모양으로 원을 그리고 있다. "보마"라고 하는 이들 움막은 지붕과 벽을 쇠똥으로 바른 것이 특징이다. 출입구가 비좁아 어른은 허리를 구부려야 겨우 들어갈 수 있고, 마당 한 가운데 나무 한 그루가 서 있는데 이곳이 마을의 대소사를 결정하는 신성한 지역처럼 보였다.

　마사이족은 소를 최고의 가치로 생각하기 때문에 이들의 가장 큰 희망은 소의 숫자를 늘리는 것이란다. 이들은 노동력 확보와 마사이족의 종족을 보존하기 위해 아이를 많이 낳는다. 그래서 마사이족도 아프리카의 다른 원시 부족처럼 일부다처제 사회를 형성하고 있다.

　그러나 마사이족에게는 섹스가 쾌락의 대상이라기보다는 아이를 낳

불씨를 채취하는 마사이 부족의 모습

는 생산 활동인 셈이다. 만약 한 남자가 정력이 부족하여 여러 명의 아내에게 생산 활동을 할 수 없을 경우에는 가장 친한 동료에게 생산 활동을 대행케 하는 풍습도 있다. 이 관행이 와전되어 외부 세계에 "마누라 교환"이라고 알려진 것이다.

마사이족은 현재 동부 아프리카의 케냐에 25만 명, 탄자니아에 10만 명 등 총 35만 명이 살고 있는 것으로 집계되고 있다. 그러나 진기한 풍습을 고수해온 마사이족 사회도 이제는 문명세계의 거센 물결에 견디지 못하고 개방되어 가고 있다. 전통의상을 벗고, 영어를 배우며, 현대 교육을 받기 위해 도회지로 떠나는 젊은이들이 늘어나고 있다고 한다. 귀걸이로 귓볼을 크게 늘리는 풍습도 이제 어린이들에게서는 찾아보기 힘들다.

아프리카 전역에 걸쳐 2천여 소수 부족들과 마찬가지로 외부세계의 간섭과 내부 변화로 말미암아, 그들만의 전통 문화가 점점 사라져 가고 있다니 이방인으로서 아쉬운 마음 뿐이다.

 아프리카의 진기한 결혼 풍습

아프리카 부족사회의 결혼문화 중 가장 대표적인 것이라면 "일부다처" (一夫多妻)제를 들 수 있다. 극히 드물기는 하지만 일처다부제나 모계사회가 없는 것은 아니다. 그러나 대부분 부족들이 일부다처제 사회를 이루며 살아가고 있다.

적도를 기준으로 북쪽에는 이슬람교가 전파되어 한 남자가 보통 네 사람의 아내를 두고 있는가 하면, 적도 이남의 비 이슬람권에서는 지위와 재력에 따라 무제한으로 처를 거느릴 수도 있다.

"레레족"은 자이르의 카사이주에 거주하는 총 인구 1만 명의 소수부족이다. 이들은 정글 속에 나무를 베어내고 공터를 만들어 야자나무 잎으로 간편한 집을 짓고 살아간다.

레레족은 전통적으로 같은 조상을 가진 이웃 마을을 서로 공격하여 여자를 약탈해 오는 관습이 있다. 여자를 약탈하는 것 말고는 다른 이유로 상대를 죽이는 일은 절대로 없다고 한다. 채무자가 빚을 갚지 못하거나, 어떤 중 범죄자라도 여자를 제공하면 모두가 해결된다.

레레족 사회에서는 총각들이 이웃 마을에서 약탈해온 여성과 프리섹스 관계를 맺는다. 그 여자들은 마을의 여러 청년들과 성 관계를 갖는데 이 여인을 "마을 여자"라고 부른다. 이들 청년들은 보통 18세 전후가 되면 3~4명이 공동의 한 아내를 갖게 된다. 이때 필요한 결혼 자금도 공동으로 부담하며 아내가 거주할 집도 공동으로 지어준다. 공동의 아내는 통상 "마을 여자"의 딸이 되기도 하지만 경우에 따라서는 이웃 동네에서 약탈 또는 유괴해 온 여자를 택하기도 한다.

이웃 동네에서 와서 "마을 여자"가 되면 반년 동안은 여러 명의 남편을 번갈아 가며 성적으로 환대해 주는 것이 그녀의 주된 일과이다. 물 긷기, 땔감 해오기, 요리 만드는 일 등 여성들이 하는 일상생활의 가사노동은 이 기간 중에는 면제된다. "마을 여자"는 매일 같이 몸매만 치장하고 밤마다 남편을 기다리기 때문에 이때가 가장 즐겁고 행복한 기간이다.

또한 나이지리아 북부의 "하우사족" 사회에서는 "일처이부" (一妻二夫) 제가 성행하고 있다.

이들 하우사족은 결혼한 여성이 첫 남편과 이혼하지 않고도 또 다른 남자와 결혼할 수 있는 풍습을 가지고 있다. 이 풍습을 그들의 말로는 "자가 (Zaga) 혼인"이라고 한다. 자가란 자기 아내를 남이 유괴해 가는 것을 공인하는 제도이다. 정확하게는 유괴라기보다 여자 자신이 유괴 당하기를 원하기 때문에 첫 남편을 버리고 줄행랑을 친 것이라 볼 수 있다.

관례에 따르면 유괴한 자가 그의 마을까지 무사히 여자를 데리고 가는데 성공하면, 첫 남편은 아내를 되돌려 받기 어려워진다. 아내가 유괴되었을 경우 첫 남편은 재빨리 처가로 달려가 장인 장모에게 도망친 아내를 데려다 달라고 요구해야 한다. 그렇지 않으면 그 여인은 유괴자의 배우자로 공인되어 버린다.

그러나 이 경우는 이혼을 전제로 한 재혼이 아니므로, 유괴자가 새 남편으로 인정되더라도 전남편과의 부부 관계는 존속된다. 다시 말하면 한 여성이 두 남편을 섬기는 제도이다.

즉 자기는 단순한 간통에 의한 부정한 남녀의 결혼이 아니라 첫 남편과 마찬가지의 결혼으로 간주된다. 재혼 때도 첫번째와 똑같이 혼자를 지불하고 혼인 의례도 성대하게 치른다.

하우사족의 경우 여자 아이는 3~6세가 되면 부모에 의해 그 마을의 한 청년과 약혼을 하게 된다. 이 청년은 여자 아이가 자라서 13~16세가 될 때까지 약혼녀의 집에서 10년 동안 하인처럼 일을 도와야 한다. 일을 얼마나 열심히 했느냐에 따라 결혼식의 규모가 결정된다.

그러나 결혼 후 셋째 아기를 낳게 되면, 그 여인은 자신이 좋아하는 다른 남자를 골라 재혼할 수 있다. 첫 결혼은 부모가 선택한 남자와 결혼하고 재혼은 자신이 좋아하는 남자 쪽에서 혼자를 지불하고 성대한 예식을 올린다.

그러나 재혼 이후 일정기간이 지나면 새 남편의 승낙을 얻어 첫 남편을 방문할 수 있다. 문제가 되는 것은 태어나는 아이들이 어느 남편에게 귀속되느냐 하는 것이다. 결국 생부보다는 양부를 중시하는 사회이므로 서로 나눠 가진다고 한다.

모계사회인 남인도의 "나야르족"은 한 여자가 여러 남편을 거느리고, 그 여자를 중심으로 그녀의 어머니와 형제자매가 한 집에 동거한다. 이러한 형태의 결혼을 "처방혼" (妻訪婚)이라 하며 태어난 자식들은 여자 (어머니)의 집단 (가족)에 속하게 된다. 남편에게는 아내나 자식에 대한 부양이나 그 밖의 의무 뿐만 아니라 친권도 없다.

일부다처제는 이슬람권과 아프리카 등 여러 곳에 그 예가 많지만 일처다부제는 히말라야의 티베트족, 인도의 토다족, 호주의 폴리나족 중의 마케사스 섬에 사는 원주민 사회 등 그 예가 희소한 편이다.

남인도 지방의 "토다족" 사회에서는 여자가 결혼하게 되면 남편 동생들의 마누라 구실도 해야 한다. 이것을 "형제 다부혼" (Fraternal Polyandry)이라고 하는데, 한 남자와 결혼한 한 여자가 여러 남자 형제들과 성 접촉을 할 수 있는 복수 성 관계의 경우이다. 이렇게 하여 여자가 임신하게 되면 맏형이 자식의 아버지라는 표시로 여자에게 화살을 기증한다. 다른 형제들도 화살을 기증하는 절차를 밟아 아이의 아버지가 될 수 있다.

일처다부제는 어느 지역 부족사회에서 남자 수가 많고 여자의 숫자가 적을 때 생긴다. 이런 인구상의 남녀 불균형은 여자 쌍둥이를 낳으면 반드시 죽여 버리는 미신적인 관행과도 무관하지 않을 것이다.

우리나라도 전통적으로 남아를 선호하여 현재는 남녀 성비가 113대 100으로 균형이 깨지기 시작하였다. 농촌 총각들이 장가를 갈 수 없어 중국 연변의 조선족 처녀 부모에게 혼자를 지불하고 데리고 와서 결혼을 하다보니 사회적으로 부작용을 일으키는 경우도 생기곤 한다.

탄자니아의 반 농경 목축민인 "이라쿼족" 은 "망령결혼제" 부족사회이다. 망령결혼이란 남편이 사망했을 경우, 과부는 남편의 동생이나 사촌과 성 관계를 갖고 거기서 태어난 아기를 죽은 남편의 아이로서 인정받게 한다. 이 경우 죽은 남편의 동생은 다른 여자와 결혼 할 수 없다.

망령결혼은 한 가문의 직계 성을 중시하는 사회에서 가문의 대를 이을 필요성에서 나타난 것이지만 재산 상속과도 밀접한 관계가 있다.

어떤 가문은 아들이 결혼 전에 죽게 되면 부모가 딸을 가진 가난한 집을 찾아가서 죽은 아들을 대신하여 청혼을 하고 혼자를 많이 지불하고 "한티" 라 불리는 신부를 사온다. "한티" 는 죽은 자의 형제나 사촌과 동침하여 아기를 낳고, 이 아기는 죽은 자의 자식으로 인정되는 풍습이다.

지구촌 여러 민족의 혼인에는 단혼과 복혼이 있다. 전 세계의 850개 민족사회에 대해 관련 학계가 조사한 바에 따르면 83%의 사회가 일부다처제를 인정하고 있으나, 실제로 여러 아내를 거느리고 있는 남성은 10% 미만이라고 한다.

주로 일부다처제 사회는 남자보다 여자가 많다는 것이다. 그 이유는 남자는 일상생활에서 위험한 일 즉 전투나 수렵에 종사하기 때문에 일부다처 제도를 도입하여 모든 여성을 결혼시킬 수 있는 효과를 거두었다. 1996년 10월 러시아의 의회는 네 명의 아내를 거느릴 수 있는 일부다처제 의안을 제출했다. 현재 러시아는 남자보다 여자가 약 900만 명이 더 많다는 것이다. 이들 여자를 구제하는 것이 이 법안의 목적이었다.

아프리카와 같이 채집이나 농경을 위주로 하는 미개 사회에서는 여성의 역할이 매우 중요하다. 일부다처제는 여성의 노동력을 조직화하는 기초가 된다. 여러 아내를 거느린 남성은 그만큼 많은 생산물을 획득할 수 있기 때문이다.

아프리카 대륙은 열대성 질병이 유행하고 유아의 사망률이 높은 열악한 환경과 이슬람교의 영향을 많이 받아 대가족제도와 일부다처제 풍습이 성립되었을 것으로 여겨진다.

코란의 제4장 3절에 이렇게 기록되어 있다. "만약 너희가 공평하게 돌볼 수 있다면 너희들은 선택에 따라 2~3명 또는 4명의 여인을 아내로 삼아 그들을 돌볼지어다."

이것은 마호메트가 그의 출생지인 메카를 탈환하던 성전 등 여러 차례의 전쟁에서 많은 전사자를 내게 되자 하루 아침에 과부와 고아가

된 유족들의 생계를 해결하
기 위해 말한 것이라 한다.

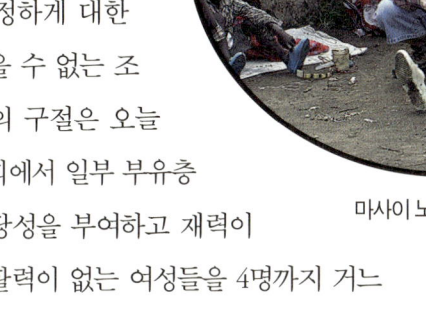

마사이 노인과 함께

엄밀히 따지고 보면 4명
의 아내를 공정하게 대한
다는 것은 있을 수 없는 조
건이다. 코란의 구절은 오늘
날 이슬람 사회에서 일부 부유층
의 축첩에 정당성을 부여하고 재력이
있는 자가 생활력이 없는 여성들을 4명까지 거느
리고 그 슬하에 엄청나게 많은 자녀들을 두게 하였다.

이제는 아프리카 대륙에도 적도 이남의 각 지역에 이슬람교보다 크
리스트교가 더 많이 전파되어 있다. 토속 종교 때문에 복수의 처를 거
느렸던 미개사회의 풍습은 크리스트교의 영향을 받아 서서히 사라져
가고 있다. 그러나 후진국의 이슬람권에서는 쉽사리 일부다처제와 대
가족제도가 변화되지 않는 것도 현실이다. 그것은 경제적 이유 때문이
며 여성들의 생활 능력이 사회적으로 보장되면 이런 제도는 자연적으
로 사라질 것이다.

"마사이 센터" 앞 넓은 마당에는 허리 굽은 할머니로부터 코흘리개
아이들에 이르기까지 많은 마을 주민들이 이방인의 방문을 환영하듯
모여 들었다.

마사이족의 건장한 청년들은 어깨 위에 정열적인 빨간색 망토를 걸
쳤다. 한 손에는 한 쪽이 송곳같이 뾰족하고 다른 한 쪽은 나뭇잎 모양
의 예리한 양날의 창을 들고 있다. 용맹스런 "모란" (전사)의 모습이다.

추장을 비롯한 전사들은 목에다 장신용 목걸이를 치렁치렁 걸고 그
들만의 전통적 노래에 맞춘 민속춤으로 이방인을 환영해 주었다. 추장
은 직접 그들이 살고 있는 주택의 내부구조를 일일이 설명하면서 삶의
모습을 있는 그대로 보여 주었다.

마사이족 마을은 소를 길러서 쇠똥을 이용하여 집도 짓고, 담도 쌓
고, 땔감으로 사용하는 등 한 마디로 쇠똥마을이다. 그렇기 때문에 냄
새가 고약하고 파리와 모기가 많아 비위생적인 환경이 원주민들의 건
강을 해치는 원인이라 생각되었다.

헤어질 때 인사치레로 구입한 기념품인 마사이 방망이는 여행기간
동안 호신용으로 가지고 다녔다. 마사이족과 기념사진을 촬영한 후 환
송을 받으며 석별의 정을 나누고 아쉬운 발길을 돌려 나왔다.

나이로비로 돌아오는 중간지점인 "Yelo Green Tree Hotel"을 하루

나이로비 빈민가 모습

밤 쉬어갈 숙소로 정하고 여장을 풀었다.

시골의 한적한 도로변에 위치한 단층 게스트하우스는 지붕을 갈대로 엮었다. 한국 농촌의 초가집을 연상케 하는 전원주택 풍경이다.

숙소의 산책로는 아치형의 빨간 장미꽃으로 뒤덮여 시원스런 꽃길이 아름답게 가꾸어져 있었다. 그러나 주변 풍경이 아무리 아름다워도 찾아주는 사람이 없으니 어딘지 쓸쓸한 적막감이 든다. 정원에 차려진 야외 레스토랑에 홀로 앉아 시원한 맥주로 여독을 달래며, 밤하늘의 은하계가 쏟아내는 별빛을 바라보니 마치 내가 고독한 시인이나 된 것처럼 야릇한 기분이었다.

다섯째날(오전)

하룻밤의 추억을 단꿈으로 남겨두고 아침부터 서둘러 행장을 챙겨 숙소를 출발하였다. 오늘의 일정은 케냐의 나이로비에서 국경을 넘어 탄자니아의 "아루샤" (Arusha)로 잡혀 있다.

내가 탔던 미니버스는 오전 11시가 다 되어서야 나이로비 시내에 도착하였다. 12시에 출발하는 아루샤행 버스 티켓을 예약한 후 시내를 돌아보며 슈퍼마켓에 들러 빵과 우유로 점심을 간단하게 해결하였다.

버스는 시동만 걸어 놓은 채로 12시 30분이 지나도록 출발할 생각을 하지 않고 있다. 버스 기사에게 출발할 시간이 지났으니 빨리 가자고 독촉해도 손님이 좌석을 채워야 간다고 한다. 지금 출발하려면 빈 좌석만큼 요금을 계산해서 더 내라니 세상에 이런 황당한 일이 어디 있단 말인가?

버스에 앉아서 손님이 차기를 마냥 기다리며 시간을 보내자니 짜증이 나고 울화통이 터진다. 차내는 푹푹 찌는 듯한 한낮의 열기로 차창을 열어 놓아도 덥기는 마찬가지이다.

영국에서 온 사진기자 아가씨가 두 거지 소년을 도로변 개똥 밭 가로수 아래에 앉은 자세로 포즈를 취하게 하고 연신 카메라 셔터를 눌러댄다. 나 역시 아마추어이지만 사진 찍는 것을 좋아해 버스에서 내려 사진기자의 눈치를 보며 거지 소년을 모델로 작품 한 장 만들어 볼까 하는 심사로 몇 장을 찍었다.

그런 와중에 손님을 가장한 불량배가 대기 중인 버스에 올라 다른 승객의 카메라와 가방을 가지고 튀는 날치기 사고가 발생했다.

들치기, 날치기 따위가 어디 동아프리카에만 있을까? 이런 범죄야 세계 어느 나라에서나 일상적으로 일어나는 일이다. 특히 나이로비 뿐만 아니라 아프리카의 모든 도시가 공통적으로 겪는 사회 문제로, 도시화가 급격하게 진행되면서 무직자들이 일자리를 찾아 도시로 밀려오기 때문에 나타나는 사회 현상이다. 게다가 이웃나라의 난민들이 급증하고 있는 것도 문제이다. 더욱 심각한 문제는 주변 여러 나라의 내전으로 인한 불량배들이 무기를 소지하고 있다는 사실이다. 또 현 정권의 부패로 경관들의 직무윤리가 땅에 떨어진 것도 무시할 수 없는 이유이다. 이런 상황이 계속되는 한 치안 확립은 기대하기 힘들며 나이로비가 세계적으로 위험한 도시라는 오명에서 벗어나기 힘들 것이다.

대기 중인 버스는 출발 예정시간을 4시간이나 넘기면서, 겨우 3사람을 더 태우고 나이로비를 출발했다. 승객들을 차 안에 인질로 잡아두고 기다림에 지치게 만들었던 차주는 손님들에게 미안하다는 말 한 마디가 없다. 또한 승객들 중 어느 한 사람도 차주의 이런 부당한 처사에 항의하거나 불평하는 사람도 없다.

　아프리카의 장거리 노선버스는 좌석에 승객이 다 차야 출발하는 경우가 하나의 관례처럼 되어 있다. 현지 사람들의 눈에는 이방인들이 조급하게 서두르는 모습이 오히려 우습게 보였을지도 모를 일이다.

　버스는 복잡한 나이로비 시내를 벗어나면서부터 잘 포장된 도로가 끝없이 펼쳐진 초원을 가로질러 시원한 바람을 일으키며 달렸다.

　도로변에는 가시가 뾰족하게 돋아난 사나운 선인장 울타리로 경계를 표시하였는데 드넓게 펼쳐진 평야지대를 가르는 도로 양편에 조성된 화훼단지의 장미농장이 보기에 좋았다.

　길섶 여기저기에 황토를 쌓아서 만든 높이가 1m~3m 정도 되는 크고 작은 공동묘지가 많다고 생각되어 기사에게 물어보니 무덤이 아니고 개미집이란다.

　해질 무렵 케냐의 국경에 도착하여 출국신고를 마치고, 국경을 넘어 탄자니아 쪽 출입국 관리소에 20달러를 지불하고 입국 비자를 받았다.

탄자니아

탄자니아

다섯째 날(오후)

탄자니아 입국비자를 받은 후 버스가 다시 산기슭 비탈길로 오르자 마사이족 청년들이 전사들처럼 삼삼오오 무리를 지어 죽창을 세워들고 도로를 오가는 모습을 자주 볼 수 있었다.

오랜 세월 자연을 극복해온 마사이족의 강인한 개척정신이 깡마른 체격과 큰 키에서 풍겨 나옴을 느낄 수 있었다. 비탈진 초원에 방목된 많은 소와 양떼들은 한가롭게 풀을 뜯고 있고 마사이 소년들은 사나운 동물들의 침입을 막으려고 경계를 서고 있다.

나는 평소 아프리카는 황폐한 사막으로 기아와 빈곤에 시달리는 버림받은 땅으로만 생각하고 있었다. 그러나 이번 여행을 통해 나의 무지한 선입견을 바꿀 수 있게 되었다.

도로변 울울창창한 밀림 속에서는 어떤 맹수가 뛰쳐나올지 예측이 어렵다. 아프리카를 "동물의 왕국"이라 부를 만큼 천혜의 자연환경이 지구촌의 모든 동물들을 이곳에 집결시켜 놓았다.

그렇다면 만물의 영장인 인간이 다른 동물과 더불어 살아가기에 부족함이 없는 무한한 자원

탄자니아 국경에서 만난 마사이족

아프리카 본토의 탕가니카와 섬 잔지바르가 합쳐진 연방공화국 탄자니아는 동아프리카 적도 남쪽에 있는 나라이다. 면적은 한반도의 4.3배나 되지만 인구는 고작 3,200만 명 정도이다.

마사이, 스쿠마, 나야므웨지, 마콘데, 챠가족 등 120여 개 부족들로 구성된 탄자니아 사람들은 가난하지만 온순하고 친절하다. 그런 친절과 부드러움은 광활한 자연과 정치적 안정이 가져다 준 넉넉함에서 오는 것이라 생각된다.

1. 수도 - 도도마
2. 시차 - 한국보다 6시간 느리다
3. 화폐 - 실링(Tsh)과 센트(C) (1달러 = 979실링)
4. 언어 - 영어와 스와힐리어가 공식언어이며, 부족마다 다른 부족어를 사용한다
   잔지바에서는 아랍어도 사용한다
5. 종교 - 기독교 (40%), 이슬람교 (30%), 토속종교 (30%)
   신앙의 자유를 보장하고 있으나 기독교와 잔지바의 회교도 사이에 지역적 종교적 갈등이 심하다

의 보고 검은 대륙 아프리카가 경제대국으로 탈바꿈할 날도 그리 멀지 않을 것이라는 생각이 들었다.

국경을 넘어 동남쪽으로 1시간 정도 달려가니 킬리만자로 (5,895m)와 메루산 (4,566m) 정상이 만년설로 뒤덮여 웅장함을 자랑하고 있다. 눈 앞에 펼쳐진 킬리만자로를 카메라에 담아 보려니 금방 구름 속으로 숨어버린다.

일몰 직전에 "아루샤"에 도착하여 숙소를 찾아 헤매다가 시내에서

약간 떨어진 숲 속에 자리 잡고 있는 조그마한 "빅토리아 호텔"에 여장을 풀었다. 그런데 한국인 교포가 이 호텔의 지배인으로 나를 맞이하는 것이 아닌가? 이역만리 아프리카 땅에서 교포를 만나니 그렇게 반가울 수가 없었다. 박은파 라는 이 여인은 이곳에 머물면서 자녀 교육을 뒷바라지하고, 남편은 서울에서 직장 생활을 하는 기러기 가족이란다.

"아루샤"(Arusha)는 메루산과 킬리만자로의 기슭에 위치한 표고 1,540m의 고원으로 아루샤 국립공원으로 지정되어 있는 인구 20만이 살고 있는 관광도시이다. 이곳은 비옥한 토지로 둘러싸여 있어 원두, 옥수수, 바나나 등의 곡물들이 많이 재배된다.

탄자니아 북부는 상업 교역의 중심지이며 동아프리카에서 가장 빠른 성장을 보여준 도시이기도 하다. 걸어다니면서 시내를 관광할 수 있는 작은 타운으로 시장 주변은 토산품 가게와 보석상들로 활기가 넘쳐흘렀다.

지정학적으로도 중요한 위치를 차지하여 아프리카 최남단인 남아공의 "케이프 타운"(cape town)과 동남북 아프리카의 최북단인 이집트의 "카이로"(cairo) 사이의 중심점이 되는 곳이다.

세렝게티, 응고롱고로, 마냐라, 타랑기레 국립공원의 사파리와 킬리만자로 등반을 준비하는 관문으로 항상 관광객이 넘쳐나고 있는 곳이다.

아루샤는 물자가 빈약한 탄자니아 중에서 가장 풍족한 도시 가운데 하나인데, 그것은 케냐에서 나망가를 거쳐 물건이 들어오기 때문이다. 시내를 걷다보면 암환전상이 접근해 오기도 한다.

탄자니아 관광에서 빼놓을 수 없는 것은 **사파리 여행**으로, 훼손되지 않는 자연의 모습을 그대로 보존한 12개의 국립공원이 있다. 탄자니아 국립공원의 크기는 우리의 상상을 초월한다. 실제로 "동물의 왕국" 제작 현장이 되고 있는 "세렝게티 국립공원"(Serengeti National Park)은 14,763㎢로 제주도의 8배나 된다.

우리나라 몇 개의 도를 합쳐 놓은 것보다 규모가 큰 국립공원도 몇 개 있다. 국립공원 중 가장 유명한 곳이 탄자니아 북부에 있는 응고롱고로(Ngorongoro)와 세렝게티이며, 동물들의 지상낙원이다.

북부 사파리 여행은 대개 아루샤에서 사륜구동차를 타고 출발하게

세렝게티의 아침

된다. 아루샤에는 1박 2일 내지
2박 3일 코스로 응고롱고로와
세렝게티 사파리를 전문으로
하는 여행사가 많았다.

사륜구동차에서

　2박 3일 코스로 계획을 세우고,
여행사는 1인당 350달러씩의 요금을
요구했지만 그 절반 값인 175달러에 가기
로 합의하였다. 시간을 절약하기 위해서 먼저 세렝게티를 보고 돌아오
는 길에 응고롱고로를 들르기로 했다.

　일행 13명은 2대의 사륜구동차에 분승하여 TV로만 봤던 "응고롱고
로와 세렝게티 국립공원"을 향하여 떠났다.

　응고롱고로는 아루샤 시내에서 약 180㎞ 떨어져 있는데, 도도마 방
면으로 포장도로를 따라 80㎞쯤 달리면 그 후로는 비포장도로가 나온
다. 앞에서 선두 차가 황토먼지를 자욱하게 일으켜 썬글라스에 마스크
까지 하고 앞차를 따라가니 30℃가 넘는 폭염에 숨쉬기조차 힘들었다.

　산 비탈길을 달리는 자동차가 어느덧 응고롱고로 화산 옆을 지나 오
른쪽 분화구 (crater) 화산으로 가는 내리막길을 지나 산을 돌아가니 눈
아래 세렝게티 대초원이 펼쳐지고 있었다. 응고롱고로 서쪽 비탈의 외
길을 따라 내려가면 나무가 띄엄띄엄 자라는 평원을 지나 대초원으로
진입하게 된다.

　먼저 왼쪽으로 "Nduto Tented Camp"라는 표지판이 보인다. 이곳에
서 수십 킬로미터를 더 가면 "라가자호" 주변의 캠프장이 나온다. 이곳
은 4월경에 누 떼가 대이동을 하기 전에 집결하는 곳이란다.

응고롱고로 분화구에서 이곳 세렝게티까지 4시간을 달려오니 끝없는 대평원에 아치형으로 세워진 문이 나타났다. 정면을 향한 표지판에는 세렝게티 국립공원, 뒤쪽에는 응고롱고로 자연보호구역이라고 적혀 있다. 여기가 응고롱고로와 세렝게티의 경계선인 것이다.

이곳에서 잠시 동안 휴식을 취하며 사진 몇 장을 카메라에 담았다. 사륜구동차를 타지 않고는 어느 누구도 분화구 안으로 들어가지 못한다. 사파리 투어에 참가한 사람이 다른 종류의 차를 타고 왔다면 공원 입구에서 사륜구동차로 갈아타야 한다.

사파리용 사륜구동차는 루프를 개조하여 상반신을 루프 위로 내놓고 볼 수 있도록 제작되어 있다. 끝없이 펼쳐진 초원에 뛰노는 야생동물을 가까이에서 보려고 차에서 내리는 것은 지극히 위험한 일로 금지사항이다.

마사이어로 "끝없는 평원"이라는 의미의 "세렝게티 국립공원"은 이름 그대로 끝없이 펼쳐진 지평선 뿐이다. 가도 가도 지평선만 보이는 대평원, 그 평원 위에 뛰노는 동물들을 보면서 지금 내가 와 있는 곳도 잊은 채 그저 내 앞에 펼쳐진 광경에 넋을 잃을 뿐이다.

세렝게티에서는 수십만 마리의 얼룩말과 코뿔소, 누의 대이동을 목격할 수 있었다. 석양을 향해 일렬로 행진하는 모습은 그야말로 장관이다. 그 황홀하고 아름다운 광경을 살아있는 모습처럼 카메라에 담지 못하는 것이 원망스러울 지경이다. 이곳이 다큐멘터리 "동물의 왕국"에 가장 많이 등장하는 곳으로, 야생이 그대로 남아있는 곳이기도 하다. 동물원에서 보던 사자 우리 안의 풍경이 바로 이곳 맹수들의 서식처를 본떠 옮겨놓은 모습인 걸 여기 와서 알았다.

버펄로

얼룩말

톰슨가젤

맹수들이 많이 사는 곳이라 얼룩말이나 물소들의 행동이 무척이나 예민하고 민첩하다. 호수 안의 물소는 머리를 빠끔히 치켜 올려 자신의 존재를 과시하는 듯한 모습을 자주 보여 주었다.

하지만 평온해 보이는 대평원에서도 약육강식의 법칙은 존재하였다. 운이 좋아 사자들의 사냥하는 모습도 볼 수 있었는데, 자기 몸집의 몇 배나 되는 얼룩말이나 코뿔소를 쓰러뜨리는 장면을 보는 스릴은 사파리 여행의 백미였다.

석양에 지는 지평선의 낙조는 초원 전체를 붉게 물들여 이방인을 황홀경에 빠지게 만든다.

맹수들의 서식처 가운데 가장 높은 바위산 위에 서있는 "로보 로지"(Lobo Lodge)는 정말 아프리카 사파리의 극치였다. 그동안 여러 지역을 다녀 보았지만 이렇게 황홀한 기분을 느껴 보기는 처음이며, 정말 환상 그 자체였다.

많은 아쉬움을 접어두고 날이 더 저물기 전에 서둘러 야영텐트를 칠 곳을 찾아 떠났다. 깜깜한 밤이 되면서 사륜구동차는 라이트를 밝히고 "나비힐 게이트"를 지나 "세로네라 강"을 끼고 길도 없는 언덕을 넘어 초원을 마음대로 달렸다.

우리 일행이 타고 온 자동차는 띄엄띄엄 나무 몇 그루가 서 있는 중간 지점에 멈추어 섰다. 이곳에 우리는 3개의 텐트를 설치하였다. 세로네라 강 주변에는 시설이 잘 갖추어진 캠프장이 많이 있는 것으로 알고 왔는데 야영시설이 전혀 되어 있지 않는 허허벌판이었다. 야생의 공간 한가운데서 밤을 보내야 한다니 모두들 허탈하여 할 말을 잃었다.

식수가 없어 저녁 준비가 곤란하여 비스킷과 술로 허기진 배를 달랬다. 밤이 되면서 날씨가 싸늘해지고, 야생동물의 침입도 염려되어 주변을 다니며 나무를 주워다 모닥불을 피웠다. 피곤한 몸이지만 잠을 청해도 배가 고프니 잠이 오지 않는다.

모닥불 앞에 앉아 하늘에서 쏟아질 듯한 초롱초롱한 별빛을 바라보니 유성 하나가 머리 위로 포물선을 그린다.

 사파리

동물관찰의 대명사로 자리잡은 사파리는 본래 스와힐리어로 여행을 뜻하는 말이다. 웅대한 대자연의 품에 안기는 여행이 바로 사파리이다.

원래 사파리는 동물원에 가는 것처럼 사람이 동물을 보는 개념이 아니다. 동물의 생활을 방해하지 않고 관찰할 수 있어야 한다.

40도를 넘는 한낮이면 일부 초식동물을 제외한 거의 모든 동물이 그늘에서 낮잠을 자기 때문에 새벽과 일몰 전의 시간이 동물관찰 사파리를 하기에 가장 좋다. 쌍안경은 꼭 챙겨 가지고 가야 한다.

진귀한 동물이나 사냥 장면이 눈에 띄면 도로를 벗어나 초원이나 숲으로 들어가고 싶겠지만 지정된 통로를 벗어나서는 안된다. 코끼리, 사자, 코뿔소, 버펄로 같은 대형 동물은 사람이 안전 한계 범위 안으로 접근할 경우 공격에 나설 수 있으므로 조심해야 한다.

– 나이로비 국립공원, 마사이마라 국립 보호구역, 암보셀리 국립공원, 차보 국립공원, 삼부루 국립 보호구역, 메루 국립공원, 아버데어 국립공원, 나쿠루호 국립공원, 케냐산 국립공원, 해양 국립공원 (이상 케냐), 마냐라호 국립공원, 아루샤 국립공원, 킬리만자로산 국립공원, 응고롱고로 자연 보호구, 세렝게티 국립공원 (이상 탄자니아), 퀸 엘리자베스 국립공원, 키발레 포리스트 국립공원, 음부로호 국립공원, 엘곤산 국립공원 (이상 우간다), 리윈데 국립공원 (말라위) 등 …

가까운 곳에서 들려오는 야생 동물들의 울부짖는 소리에 눈을 떠보니 대초원에도 아침이 밝아오고 있었다. 간밤에 물안개가 자욱하여 온 몸이 이슬에 젖어 내의까지 축축이 젖어 오싹하다. 모닥불을 쬐며 움츠렸던 몸을 잠시 추스르고 장소를 강가로 옮겨 아침식사를 우선적으로 해결하였다.

어제 지나쳐 왔던 길을 되돌아서 응고롱고로의 분화구로 자동차가 서서히 움직이기 시작했다. 홍학의 무리가 세로네라 강변 염호를 이를 잡듯이 누비며 식사를 하느라고 사람이 가까이 접근해도 자맥질에 여념이 없다.

대부분의 동물들이 지난 밤의 달콤한 휴식에서 깨어나 아침 햇살을 받으며 대초원으로 쏟아져 나와 분주히 활동을 시작한다.

전체 동물 중에서 초식동물인 누가 제일 많고, 톰슨가젤과 얼룩말, 코뿔소 등이 대부분을 차지하고 있었다. 띄엄띄엄 서있는 나무 사이에는 기린이 어김없이 자리하고 있고 초원의 제왕인 표범, 사자, 하이에나 등이 후견인이나 된 듯 멀리서 지켜보며 그들을 그림자처럼 따라다니고 있다.

세렝게티 초원 한 가운데 홀로 서 있는 엄브렐러 아카시아 나무 근처에서 운이 좋게 치타 가족 3마리를 만났다. 치타는 배가 부르면 하루 종일 움직이지 않고, 배가 고프면 먹이를 찾아 움직인다.

매년 1월 중순에서 2월 초순 사이에 누가 새끼를 낳는데 이때에 치타들은 주로 새끼 누를 노린다. 새끼 누가 재빠른 가젤보다 상대적으로 사냥하기에 용이하기 때문이다.

치타 3마리가 일제히 각개격파로 달려드니 누 어미들은 혼비백산 도망가기에 바빠 새끼들을 보호할 엄두조차 내지 못한다. 그 사이에 어미 잃은 새끼 누는 이리저리 제 어미를 찾느라고 야단이다.

제 새끼가 아니면 거들떠보지도 않는 냉혹한 동물 세계의 일면을 보는 것 같다. 이런 모습을 보고 있노라니 마치 전쟁통에 피난가다가 부모 잃은 고아를 보는 것 같아 마음이 아팠다.

초원에서 새끼가 어미를 잃는다는 것 특히 야생의 세계에서 그것은 곧 죽음을 의미한다. 어미로부터 먹이와 생존의 지혜를 전수 받아야만 하기 때문이다.

그렇지만 그 많은 개체수가 다 성장한다면 초식동물이 엄청나게 불어나 먹이 사슬이 깨지고 말 것이다. 결국 먹이 사슬의 피라미드에서 약육강식의 자연법칙은 필요악이라는 생각을 해보았다.

세렝게티 국립공원이 유명한 것도 이렇게 모든 야생동물이 자연 그대로 살아가는 것을 볼 수 있기 때문일 것이다. 그러나 어미 잃은 새끼 누의 애틋한 눈망울을 지금도 잊을 수가 없다.

사파리 여정은 자동차를 이용한 사파리와 커다란 풍선기구를 타고 평원을 나는 애드벌룬 투어가 있다. 서양인들이 특히 좋아하고 극적인 스릴이 있다는 애드벌룬 투어는 비용이 만만치 않게 든다. 1인당 300 달러로 예약을 해두어야 하는데 밑에서 보기에 흔들림이 심하여 담력이 필요해 보인다. 기구 투어는 바람의 방향과 안내자 지시에 따라 기구에 탑승해 지표에서 그리 높지 않게 비행하면서 동물들을 내려다보는 것으로 나름대로 색다른 즐거움이 있을 것 같다.

"응고롱고로"(Ngorongoro)는 세계 유네스코가 지정한 자연보호 구역으로, 마사이어로 "큰 구멍"을 뜻하는, 화산 폭발 후 만들어진 거대한 분화구 (크레이터)이다.

응고롱고로 자연보호 구역은 남북 16㎞, 동서 19㎞에 걸친 크레이터 바닥에 펼쳐져 있다. 이 크레이터는 화구의 턱이 2,300~2,400m, 둘레 18㎞, 크레이터 바닥의 표고가 1,800m, 깊이가 600m이다. 분화구를 둘러싼 응고롱고로의 전체 면적은 8,860㎢로 세계에서 가장 큰 분화구로 제주도의 5배나 된다.

264㎢의 화구원에는 기린과 임팔라를 빼고 동아프리카에서 볼 수 있는 대부분의 동물들을 볼 수 있다. 분화구 호수 주변에 3만여 마리의 야생동물들이 서식하고 있어 가장 효율적으로 동물을 관찰할 수 있는 곳이기도 하였다.

분화구 밑바닥에는 호수가 있어 아무리 혹독한 건기라도 항상 물이 마르지 않아 플라밍고가 무리를 짓고 하마가 서식하는 등 분화구 벽으로 둘러싸인 자연의 지상낙원이라 할 수 있다.

보호구역 관리사무소의 많은 레인저들과 동물학자들은 현재 감소하고 있는 코뿔소나 주요 육식동물의 수를 정확하게 파악하기 위해 새끼가 태어난 날과 수를 일일이 기록하여 그들의 종족과 개체 보존에 온갖 열정을 쏟고 있었다.

아프리카의 BIG FIVE인 사자, 코끼리, 버펄로, 코뿔소, 표범과 함께 수백 종의 포유류와 조류가 대 초원의 생태계를 유지하고 있다. 백수의 제왕 사자가 먹는 사냥감의 절반은 하이에나의 먹이를 빼앗은 것이라는 연구보고도 있다. 코끼리와 물소가 떼를 지어 살고 있는 공원 북부지역에는 아프리카의 흑단나무로 뒤덮여 있다. 대부분의 동물들은 분화구 안에서 평생을 보낸다.

응고롱고로에서 시작된 가젤, 얼룩말, 코뿔소, 하이에나, 코끼리 등 무수한 동물들의 평화로운 행진은 세렝게티까지 계속 이어진다. 그러나 아프리카 초원에 밀려드는 사파리 관광객들 때문에 야생동물의 질서와 생태계의 평화를 깨뜨리기도 한다.

세렝게티까지 가는 길에는 쇠똥으로 2m 정도의 나즈막한 집을 짓고 사는 마사이족들을 자주 만날 수 있다. 현대 문명을 거부하고 부족의 전통을 이어받아 살고 있는 마사이족은 붉은 망토를 입고 목과 귀에 요란한 치장을 하고 있다. 가끔

마사이족 여인들

탄자니아 민속악기 연주

은 외국 관광객들이 탄 차를 세워 자신과 사진을 찍자는 마사이족도 있는데, 어김없이 모델료를 요구하였다.

우리가 도착하니 모두들 집에서 나오면서 전통 노래를 부르는데 훈련이 잘된 것 같았다. 자기들이 생활하는 모습을 보려면 10달러씩 주고 보라고 하니 순수한 원시적 모습을 점점 잃어 가고 있는 것 같다는 생각이 들었다.

세렝게티를 출발지 5시간만에 응고롱고로 크레이터에 도착하여 호숫가 정자나무 그늘 아래 앉아서 잠시 휴식시간을 가졌다. 크레이터

안에는 길이 없어 차바퀴가 움푹 파인 자국을 따라 달리는데 가끔 바퀴가 빠져서 다른 차가 끌어내 주기도 한다.

왜 이곳에 길이 없냐고 물어보니, 길은 동물에게는 불필요하고 길이 있으면 차가 달리게 되고 차가 달리면 동물들이 다치기 때문이라고 한다. 동물들과 함께 살아가는 그들의 지혜가 새삼 부럽게 느껴졌다.

크레이터 어디에 BIG FIVE가 숨어있는지 기사들 간에 무전기로 서로 연락을 주고받으며 보물찾기하듯 게임드라이브를 하였다. 동쪽 100m 전방에 호랑이 3마리가 있고, 코끼리는 어디 있고, 사자는 어디 있다는 식으로 연락을 받으면 사륜구동차는 그쪽을 향해서 찾아가곤 하였다.

이렇게 하루 종일 따가운 태양 아래 얼굴을 까맣게 그을리며 응고롱고로 분화구를 구석구석 누비는 게임드라이브를 즐기며 시간가는 줄 몰랐다.

응고롱고로의 가파른 언덕 위에 자리 잡은 로지 (lodge)로 이동하여 숙소를 정하고 여장을 풀었다. 이곳은 크레이터를 훤히 내려다볼 수 있는 아주 좋은 위치였다. 고도가 2,300m나 되어 제법 쌀쌀하게 느껴져 스웨터를 꺼내 입어야 했다.

탄자니아 사파리 특징은 숙소들이 자연의 아름다움을 그대로 살리고 있다는 점이다. 저녁 6시부터 9시까지 온수도 공급되었고, 전기는 자정까지 제공되어 음식이나 시설은 전혀 불편함을 느낄 수 없었다. 또한 종업원들이 친절하고 시내의 호텔보다도 더욱 정성스럽게 서비스를 제공해 주어, 감사의 마음을 전하고 아루샤로 향했다.

세렝게티 국립공원과 응고롱고로 자연보호구역 사파리 투어를 2박 3일의 일정으로 마쳤다. 투어를 통하여 동물 세계의 약육강식과 적자생존을 생생하게 눈앞에서 확인할 수 있었다.

홉스는 "자연 상태에서 인간은 인간에 대하여 이리이고, 만인은 만인에 대한 투쟁 상태이다"라고 주장하며 사회계약론을 제시하여 오늘날 민주사회의 기초를 닦았다.

물론 동물 세계와 인간 세계를 비교할 수는 없겠지만 자연법칙과 사회법칙이 서로 모순되지 않고 하나로 조화될 때만 인간 존엄성이 왜곡되지 않을 것이라 생각해 보았다.

이번 사파리 투어가 나에게는 영원히 잊을 수 없는 추억과 더불어 좋은 교훈을 주었고, 여생에 스승으로 기억되기를 기대해본다.

아루샤로 귀환하는 사륜구동차에 몸을 맡기고 오수를 즐기는데, 기사가 흔들어 깨운다. 민속촌에 들러 구경이나 하라면서 크게 선심 쓰듯 하지만 민속촌이라기보다는 토산품을 판매하는 기념품 가게이다.

아프리카 특산물인 흑단을 조각하여 만든 인물상은 상당히 고급스러워 보였다. 생각보다 높은 가격표를 붙여 놓았지만 흥정을 잘하면 70% 정도는 할인이 가능하였다. 그러나 여행 초기에 구입하면 여행이 끝날 때까지 짐이 될 것 같아 구경하는 것으로 만족하였다.

오후 5시가 넘어서야 빅토리아 호텔에 도착하여 그동안 사파리로 쌓였던 피로를 더운물 샤워로 씻어내고 레스토랑에 들러 저녁식사로 동아프리카의 대표적 주식인 우갈리 (Ugali)를 먹기로 하였다. 옥수수나 밀가루·캐사바 등의 가루에 뜨거운 물을 붓고 한참동안 반죽을 한 다음 쪄낸 것인데, 한 손으로 한 움큼 쥐고 주물럭거리며 둥글게 만든 뒤 반찬과 함께 먹어야 제 맛이 난다고 한다. 그러나 내 입맛에는 밀가루 반죽을 떼어먹는 맹숭맹숭한 느낌이다. 그러나 입맛에 익숙해지면 우리나라의 쌀밥 같은 맛을 느낄 수 있다고 한다.

목조각

아프리카의 밤 문화 야누스 정경을 느껴 보고 싶어 아루샤의 이곳저곳을 찾아 나섰다. 여행 가이드에 밤에는 치안이 불안정하여 안전 사각지대가 많으므로 절대로 돌아다니지 말라고 권장하고 있다. 그러나 나는 낮보다 밤의 문화가 더 재미있다는 사실을 알고 있기에 위험을 무릅쓰고 밤에 돌아다니는 것을 좋아한다. 여행지에 와서 돌아다니는 것이 불안하다고 방구석에 쳐 박혀 잠만 자기에는 나의 역마살이 도저히 용납하지 않는다. 한국에서 귀동냥으로 들은 곳을 찾아가거나 현지인에게 물어서라도 가고야 마는 것이 나의 주특기이다.

어느 도시든지 밤 문화는 낮의 모습과는 확연히 다른 모습을 가지고 있다. 밝고 건전한 것이 낮의 문화라면, 퇴폐적이고 끈적거리는 것이 밤 문화의 한 단면이기도 하다. 별다른 놀 거리와 즐길 거리가 없어 아프리카의 밤은 죽었다고 말하는 사람도 있지만 밤에 즐길 수 있는 문화는 찾아보면 많이 있다. 그 대표적인 것이 음식점과 극장 그리고 나이트클럽들이다.

현지인이 일러준 아지미오 기념비 남쪽에 위치한 "Arusha By Night"를 찾아갔다. 실내에는 경쾌한 레코드음악에 맞추어 디스코를 추는 인종을 초월한 젊은이들로 초만원을 이루고 있다. 외국인과 여성들이 함께 어울려 음침한 조명 아래 몸을 비비며 춤추는 환락의 밤은 깊어만 갔다. 인종 구분 없이 외국인 관광객에게 접근하여 친구가 되려는 여성들도 많았다. 외국인은 돈을 가지고 있어 상대적으로 빈곤한 자신들을 도와 줄 거라 생각하고 있다.

나이트클럽에서 활동하고 있는 여성들은 주로 케냐의 최대 부족인 기쿠유족과 캄바족, 그리고 내전을 피해 내려온 소말리아와 에티오피아 출신의 여성들이 주류를 이룬다. 이들의 외모는 서구인 입장에서 보는 미인의 기준을 갖추고 있다. 우리가 TV에서 보는 큰 주먹코에 커다란 가슴, 펑퍼짐한 엉덩이, 짧은 곱슬머리의 원주민이 아니다. 날씬하고 키가 큰 체형의 '쭉쭉 빵빵한' 갈색 피부를 가진 여성들이 나름대로 아름다움을 과시하고 있다.

나이트클럽의 여성 입장료는 남자의 반액으로 약 1.5달러 (약 1,800원) 정도이다. 외국인을 상대로 하는 여성들은 보통 개점과 동시에 출근하다시피 한다. 이들이 출입하는 것에 대해 나이트클럽 측에서도 입장료를 내고 들어오는 손님이므로 매우 반기는 눈치이다. 이런 가운데 외국인 남자를 만나 하룻밤 동안 친구가 되면 자기도 좋은 것이고, 못

만나도 클럽 안에서 춤추며 즐기면 되는 것이기 때문에 이곳에 나오는 여자들도 손해 될 것 없다고 생각하는 것 같다.

또 하나는 길거리에서 유혹하는 부류인데 외국인들이 숙박하는 고급 호텔 근처나 나이트클럽 입구 혹은 술집 앞에서 영업하는 여성들이다. 이들은 나이트클럽 입장료가 부담스러울 정도로 형편이 열악한 매춘여성들로 그야말로 거리의 여자들이다.

버스 터미널과 화물차 주차장 근처의 여관을 중심으로 매춘여성들이 있는데 이들의 경우는 더 열악해서 얼마 안 되는 돈을 받거나 음식물을 제공받고 몸을 파는 어린 소녀들도 많다고 한다. 어린 소녀들이 생활고를 견디지 못하여 국경을 오가는 현지 트럭 운전자들과 여행객들을 상대로 매춘행위를 하는데, 이들의 문제점은 에이즈 바이러스 보균자라는 사실이다. 이들 뿐만 아니라 나이로비나 다르살람 지역의 매춘여성의 상당수가 에이즈 보균자이다.

나이트클럽에서 만나는 이들은 에이즈와 성병에 두려움을 갖고 있지만 그래도 외국인 관광객들의 친구가 되어 주기 위해 열심히 웃고 있다. 매우 섬뜩하고도 서글픈 생각이 마음을 무겁게 짓눌러 유혹을 뿌리치고 나이트클럽 문을 나와 숙소로 돌아왔다.

숙소에 도착하여 시계를 보니 새벽 2시를 가리키고 있다. 잠을 청해 보지만 오히려 눈동자만 초롱초롱해지고 한참동안 상념에 젖어있었다.

오늘은 킬리만자로의 "마랑구 게이트"에서 "만다라"까지 팀원 12명이 트레킹을 하는 날로 예정되어 있다.

나는 아프리카 배낭여행을 준비하면서 킬리만자로 정상 정복을 목표로 세웠으나, 같이 온 일행 대부분이 여성들로 구성되어 정상 도전의 꿈을 접어야만 했다. 그럼에도 불구하고 킬리만자로 트레킹을 하고 싶다는 생각이 머릿속에서 떠나질 않았다.

지난 해 히말라야 트레킹을 혼자 하면서 외롭고 불안한 마음으로 다녀왔던 기억을 떠올려 본다. 동행자 없이 킬리만자로를 트레킹한다는 것은 조금 무리라 생각되어 이미 단념한 상태였다.

그러나 만다라까지 올라와서 바로 하산한다면 먼 훗날에 아쉬움과 미련이 쌓일 것만 같다. 오랜 생각 끝에 정상 정복의 결심을 굳히고 나

킬리만자로의 관문인 마랑구 게이트

니 오히려 마음이 한결 가벼워진 느낌이다.

　가이드에게 팀으로부터 독립하여 킬리만자로 "우후루봉" 정상에 도전하겠다는 뜻을 전했다. 가이드는 이야기를 듣는 순간 상당히 당황한 모습을 보였다. 나이가 60이 넘은 사람이 고산증에 적응할 수 있을지 걱정이 되는 모양이다.

　트레킹을 결정한 후에도 몇 가지 걱정거리가 생겼다. 첫째는 아프리카를 1개월 동안 여행하는데 600달러면 가능하다고 여행사는 얘기했지만, 나는 10일 동안에 400달러를 썼다. 아프리카의 물가가 한국보다 싸지 않아 여행 경비가 예상보다 많이 들어가고 있었다.

　킬리만자로 4박 5일 동안의 트레킹 비용으로 입산료를 포함하여 등산장비 대여 및 가이드, 짐포터, 푸드포터 등 3명을 의무적으로 대동하는데 최소한 800달러를 지불해야 된단다. 호주머니 사정이 충분하지 못하여 일행들에게 돈을 빌려야 될 것 같다.

　둘째는 킬리만자로는 검은 대륙 아프리카의 최고봉으로 자그마치 정상이 5,895m인데 사전 준비도 없이 산을 너무 가볍게 보고 있는 것이 아닌가 라는 생각도 들고, 셋째는 일행으로부터 독립하여 활동하기에는 아프리카의 치안상태가 너무 좋지 않다는 점이다. 이런 여러 가지 문제로 잠을 설치며 많은 고민을 하였다.

　뜬눈으로 지난 밤을 새우고 이른 아침 샤워를 하고 나니 정신이 조금은 맑아진 것 같다. 배낭에 옷가지를 주섬주섬 분리 정리하고 일단 마랑구 게이트에 가서 최종 결정하리라 마음을 굳혔다.

　7시에 빅토리아 하우스를 출발한 미니버스는 모시를 거쳐 킬리만자로 트레킹 출발지점인 "마랑구 게이트"(1970m)에 9시 30분경에 도착하였다.

　같이 온 일행들은 먼저 만다라로 출발하였고, 나는 그곳에 남아서 800달러를 요구하는 트레킹 제반 비용을 밀고 당기며 흥정하여 550달러에 합의하였다. 트레킹을 동행할 가이드와 짐포터, 푸드포터를 선정하여 4명을 한 팀으로 구성하였다.

　오전 11시가 되어서야 마랑구 게이트 관리사무소에 입산수속을 마쳤다. 가이드와 푸드포터는 4박 5일 동안 먹을 음식재료를 준비해서 따라오기로 하고 나는 짐포터와 함께 "만다라"를 향해서 출발하였다.

　드디어 성사가 불투명했던 꿈에 그리던 **"킬리만자로 트레킹"**
이 어렵게 시작되는 순간이다.

　아프리카 최고봉인 킬리만자로 (Kilimanjaro : 5895m)는 스와힐리어로 Kilima - 언덕, njaro - 빛난다는 뜻으로 '빛나는 언덕' 이다. 킬리만자

킬리만자로 정상의 빙벽

로는 그 이름처럼 일년 내내 산 정상에 빙하와 빙설이 상존한다. 탄자니아와 케냐의 국경 부근에 위치한 탄자니아 영토의 세계 최고 휴화산이다.

　헤밍웨이의 "킬리만자로의 눈"에 다음과 같은 구절이 있다.

　"킬리만자로의 높이는 19,170피트의 눈 덮인 산

으로 아프리카의 최고봉이라고 한다. 서쪽 정상은 마사이어로 '누가이에 누가이 (신의 집)' 라 불리며, 그 서쪽 산 정상 바로 옆에 바짝 말라 얼어붙은 표범의 시체가 한 구 뒹굴고 있다. 그 표범이 그 높은 곳까지 무엇을 찾아 왔는지 지금까지 아무도 설명한 자가 없다."

소설을 읽지 않는 사람이라도 킬리만자로가 아프리카 최고봉이라는 것쯤은 알고 있다. 세로 50km, 가로 30km로 동남동 쪽으로 타원형으로 자리 잡은 산으로 서쪽부터 시라봉 · 키보봉 · 마웬지봉의 세 봉우리가 나란히 서 있다.

중앙의 키보봉이 최고봉 "우후루 피크" (Uhuru peak 5,895m)이며 전체적으로 완만한 원추 화산이다. 1848년에 독일인 선교사 레프만 (J. Rebman)과 크라프 (L. Krap)가 산 모양을 알아내었고, 1889년에는 독일인 지리학자 한스 마이어 (H. Mayer)가 처음으로 키보봉 등정에 성공하여 산의 정체가 세계인들에게 알려지게 되었다.

한국인으로는 전명철씨가 1981년 10월 5일 최초로 킬리만자로 등정에 성공한 후 많은 사람들이 정상 정복에 나섰다. 오늘도 킬리만자로 정상에 도전장을 내고 출발하는 30여 명의 트레커 (Trekker)들 대부분이 서양인이고, 동양인은 나 한 사람뿐이다.

헤밍웨이는 "킬리만자로의 눈" 에서 얼어붙은 표범을 보았다고 썼고, 조용필은 "킬리만자로의 표범" 을 노래하였다. 얼어죽은 표범이 허구이든 진실이든 킬리만자로를 찾아온 트레커가 흥미를 갖고 오를 수 있게 한다.

마랑구 게이트를 출발한지 얼마 안 되어 폭 4m의 완만한 오르막길 정글지대를 지나가며 삼림욕을 즐기는 기분을 느낄 수 있었다. 울창한

숲이 그늘이 되어주지만 온몸이 땀으로 범벅이 되어 물빨래를 해놓은 것처럼 몸에 감긴다.

강수량이 풍부해 계곡에 물이 흐르고 산행 길은 질퍽거린다. 덩굴이 땅까지 축 늘어져 있고, 나무껍질에는 파란 이끼가 두텁게 덮여 기생 식물이 자라고 있다. 나무 사이로 원숭이가 소리를 내며 뛰노는 모습이 아프리카의 산을 오르고 있다는 사실을 실감케 한다.

만다라로 오르는 중간 지점에서 오이 1개와 짜파티 2장으로 점심을 해결하였다.

오후 3시경에 만다라 산장에 도착하니 앞서 왔던 일행들이 막 하산 길에 접어들려 한다. 이역만리 아프리카 땅에서 나 홀로 떨어져 독립하려니 서운한 감정이 앞섰지만, 서로의 즐거운 여행이 되기를 기원하며 석별의 정을 나누었다. 그래도 현 선생에게 300불을 빌려서 호주머니를 채우고 나니 조금은 마음에 여유가 생겼다.

"만다라 산장"(Mandara Hut : 2,700m) 관리사무소에 입산신고를 마치고 4호실 룸을 배정받았다. 산장은 삼각형 모양의 피라미드식 방 갈로로 전기는 태양열을 이용하여 형광등만 사용하고 있었다. 여러 동으로 세워진 방갈로의 내부구조는 룸 하나에 4명이 같이 쓰도록 되어 있어 하단에 가로 2개, 상단에 세로 2개의 침대가 놓여 있다. 오늘따라 트래커들이 많지 않아 4인용 룸을 혼자서 사용하는 모양이다.

잠시 휴식을 취하는 동안 푸드포터가 가져다 준 비스킷과 귤 그리고 끓여온 차를 마시며 산상 주변 이곳저곳을 둘러보았다.

트래커는 주로 백인이고, 가이드 및 포터는 흑인으로 구성되어 있다. 그뿐만 아니라 트래커와 가이드, 포터의 휴식처가 자연스럽게 분리되

킬리만자로 만다라 산장

어 있었다. 여행기간 내내 아침저녁으로 세숫대야에 더운물을 끓여 바치는 것을 보면서 노예문화의 잔재가 아직도 남아 있음을 느낄 수 있었다.

오후 5시경에 가이드 리먼 존 (Neeman John)의 안내로 만다라 산장에서 1km지점에 위치한 "Maundi Crater"의 절경을 찾았다. 길섶 나무가지마다 원숭이 떼가 과일 달리듯 매달려 뛰놀고, 이름을 알 수 없는 새들이 아름다운 멜로디로 나를 환영해 주는 듯 하였다.

태고의 원시림과 착생식물 군락지로 경관이 수려하고, 무명의 야생화들이 바람결에 흔들거리며 은은한 원시의 향을 뿜어내고 있었다.

멀리 바라보이는 킬리만자로 산정은 운무에 휩싸여 시야를 흐리게 하고, 평지보다 일몰이 빨라 금방 어둠이 깔려와 서둘러 산장으로 돌아왔다.

산장에 도착하자마자 푸드포터 브렝키가 준비한 조촐한 저녁식사를 즐기고, 후식으로 바나나와 한 잔의 커피로 혼자만의 적막감을 달래어 본다.

밤이 되면서 만다라 산장도 깊은 적막에 잠기고 하늘에는 무수한 별들이 관객도 없는 공연을 연출하고 있다. 방문 앞에서 울어대는 짐승소리가 킬리만자로의 어둠 한 구석을 흔들어 놓는다.

잠자리에 들기 전에 하루 일과를 정리하며 자신을 되돌아본다. 아무리 생각해도 나는 평범한 보통 사람이 아니고 특이한 존재인 모양이다. 킬리만자로 트레킹을 동행자도 없이 출발한 것은 무모하리만큼 용기를 넘어선 만용에 가깝다는 생각을 스스로 해보았다. 그러나 나의 이러한 무모한 용기가 삶의 체험 현장에서 자신에 대한 인내와 수련의 장으로 이어지리라 기원해 본다.

DATE 열 쨋 날

방문을 안에서 자물쇠로 단단히 걸고 취침에 들었지만, 삼경이 야심한 시각에 누군가가 방문을 노크하는 소리에 잔뜩 긴장이 되었다. 인기척도 않고 숨소리마저 죽여 가며 초조하게 출입문을 주시하였다. 긴장이 계속되는 동안 침묵의 시간이 흐르고 날이 점점 밝아오자 밖의 분위기가 조용해졌다. 가끔 산장에는 룸을 혼자 사용하는 트레커를 상대로 강도가 나타나기도 하는 모양이다. 침낭 속에서 손전등으로 시계를 보니 5시 30분을 가리키고 있다.

킬리만자로 길만스에서 본 일출

 밖에서 만다라 산장의 일출 광경을 보려는 사람들의 소리가 간간이 들려온다. 조심스럽게 방문을 열고 밖으로 나가지만, 지난 밤의 악몽 이 쉽사리 지워지지 않는다.

 동녘 하늘에 널리 깔려있는 운해 사이로 찬란한 태양이 떠오르며 홍 해의 장관을 연출해 낸다. 그러나 이른 아침인지라 아직도 하늘에는 큰 별들이 남아서 깜박거려, 떠오르는 태양과 지는 별을 동시에 보여 주었다.

 가이드 리먼이 세숫대야에 가져온 따뜻한 물로 세면을 마치고 산장 식당으로 들어서니 마치 인종 전시장처럼 많은 이들이 보이고, 와자지 껄하고 소란스런 가운데 서로의 정보들이 교환되고 있었다.

아침식사는 프라이드 라이스에 따끈한 국물까지 준비되어 푸짐하게 먹었고 후식으로 바나나와 차까지 곁들였다.

표지석에는 만다라 산장에서 호롬보 산장 (Horombo Hut : 3720m)까지 11.7km를 주파하는데 6시간이 소요된다고 기록되어 있다.

8시에 호롬보 산장을 향해 가벼운 발걸음을 옮기기 시작하였다. 열대 밀림 속의 급한 오르막길을 20분쯤 걸으면 초원이 펼쳐진다. 노란 꽃이 피어 있는 호젓한 길에서 산뜻한 공기를 호흡하며, 완만한 능선을 넘어 왼쪽으로 돌아가면서 올라간다. 호롬보 산장으로 가는 길은 마치 우리나라의 한라산을 트레킹하듯 낯설지 않은 모습이다.

많은 트레커들이 가이드와 포터를 앞세우고 끊임없이 내려가고 올라가며 "잠보" (인사)를 교환한다. 내려오는 사람들의 얼굴 표정으로 정상정복에 성공했는지 못했는지를 느낄 수 있었다. 자신감이 넘쳐나는 사람과 무표정하게 지나는 사람들 속에서 한 번 더 걱정이 앞선다.

고도가 높아지면서 고산증세가 나타나며 산소가 부족한지 호흡이 점점 거칠어지고 머리가 무거워짐을 느낀다. 하산하는 사람들은 연신 "뽈레뽈레" (천천히)를 강조하며 자신들의 실수를 되풀이하지 말라는 표정으로 내려간다.

포터들은 작은 짐은 한 손에 들고, 큰 배낭은 머리에 이고 뛰어가듯이 빠른 걸음으로 가고 있다. 그냥 걸어도 힘든 길인데 덩치가 큰 카세트라디오에서 흘러나오는 달착지근한 노래를 따라 부르며 신명나게 달리고 있다.

중간지점에서 준비해온 점심을 먹으려니 독수리 떼가 모여들었다. 바나나 껍질을 던져주니 주위만 빙빙 돌고 먹지는 않는다. 육식동물이라 고기 생각이 나는 모양이지만, '나 먹을 것도 없는데 너 줄 것이 어디 있냐' 고 혼자말을 해본다.

산등성이에는 목화나무와 비슷한 "브로테어 플라워" 나무 가지마다 연분홍 꽃이 아름답게 피어 있다. 세네시오 꽃, 실레스 (진백류), 그레디아 등 이름도 모르는 수목들이 분재 감으로 아주 좋아 보였다. 선인장처럼 생긴 로베리아 뒤쪽으로 마웬지봉이 보이고 왼쪽으로는 만년설이 하얗게 빛나는 키보봉이 위용을 드러내기 시작한다.

산을 조금씩 올라갈수록 가쁜 숨을 헐떡이고 오르내리기를 반복하여 오후 2시경에 오늘의 목적지 "호롬보 산장"에 도착하였다. 호롬보 산장도 삼각형 모양의 통나무집 방갈로이며, 여러 동이 산기슭에 자라잡고 있다.

산장은 계곡을 끼고 있어 크고 작은 바위 사이로 청정수가 흐르고, 로베리아는 군락을 형성하여 자연경관과 조화를 이루어 한 폭의 그림 같았다.

킬리만자로 호롬보 산장

호롬보 산장에서도 만다라 산장과 똑같은 4번 룸을 배정받았다. 오늘 밤에는 오스트레일리아에서 온 여학생, 체코슬로바키아에서 왔다는 연인 커플과 4명이 같은 룸을 쓰게 되었다.

오스트레일리아에서 온 여학생을 한국인인줄 알고 국적을 물어보니 빙그레 웃는다. 어머니는 싱가포르, 아버지가 중국계라고 한다. 오스트레일리아 수도 멜버른에서 대학에 재학 중이라며 자신을 소개하였다. 내 둘째딸이 시드니에 있다고 하니 더욱 친근감을 표시하였고, 나 역시 딸 같이 생각되어 트레킹 기간 동안 가깝게 지냈다. 여학생 혼자 배낭 하나 달랑 메고 지구촌 오지를 자유롭게 여행할 수 있는 젊음의 용기가 부럽기만 하다.

체코 연인 커플은 고산증세가 심한지 아예 누워서 일어나지도 않는다.

서양인들은 보통 7박 8일 일정으로 킬리만자로 트레킹에 나선다. 산장마다 이틀 이상씩 묶으며 고소증세를 적응하면서 무리하지 않게 정상정복에 도전하고 있다. 산장 식당에 모인 트레커들은 하나같이 얼굴 혈색이 술 마신 것처럼 빨갛게 충혈되어 고소증세를 하소연하고 있다.

가이드 리먼은 내 몸 컨디션 상태가

마음에 걸리는지 호롬보

산장에서 2박하

고, 고소

증세를 조절한 후 떠나자고 한다. 그러나 나는 과감하게 "No" 하고 고개를 좌우로 흔들었다.

잉글랜드에서 온 한 팀은 10명으로 구성되었는데 그중 25세 청년이 장애자로 휠체어를 타고 정상 도전에 나섰다. 나머지 9명은 장애자 한 친구를 정상에 세우기 위하여 모두가 하나 되어 도우미 역할을 다하였는데, 그 모습이 너무나 아름답게 느껴졌다.

방갈로 주변의 "로베리아"는 몽땅한 나무기둥이 형성되어 폼페이 유적지의 돌기둥처럼 이색적으로 보였다.

열한 번째 날
DATE

호롬보 산장을 오전 8시 20분에 산뜻한 기분으로 출발하였다. 키보 산장 (Kibo Hut : 4,826m)을 향하는 발걸음이 한결 가볍다.

급한 산비탈을 한 차례 넘으면 마침내 하얀 에버라스팅 플라워 (영원의 꽃)의 군락 지인 습원지대가 나타난다.

이 습원을 지나면 킬리만자로의 "마지막 샘" (Last Water)이라는 간판이 눈에 들어온다. 산행 길에는 이름도 모르는 온갖 기화요초들이 만발하나, 고도가 4,000m를 넘으면서 킬리만자로의 아름다운 자연 경관을 이루었던 "로베리아" 나무 집단 서식지도 끝난다.

여기서부터는 산 전체가 적갈색을 띤 화산 석으로 덮여있고 풀 한 포기도 자라지 않는 사막이다. 꼬불꼬불 난 길은 마치 끝이 보이지 않는 실크로드를 걸어가는 느낌이다.

저 고개 넘어 키보 산장이 있다는데 아무리 가도 모습을 드러내지 않는다. 더 멀리 보이는 킬리만자로 우후루 정상 만년설을 바라보며 걸어갈 뿐이다.

산을 올라갈수록 트레커 숫자는 점점 줄어들고 있다. 하산하는 사람은 발걸음이 사뿐사뿐하고 올라가는 내 발걸음은 왜 이렇게 무거운지 모르겠다. 오고가는 사람마다 "곤이찌와"로 인사를 해오지만 "코리아"라고 대답하기도 힘겹다.

나는 지금 술 취한 듯 무아지경의 몽롱한 상태로 고소에 시달려 가쁘게 숨을 몰아쉬며 한 발 한 발을 무겁게 옮기며 걸어가고 있다. 고도가 높아질수록 뒷골이 땅기고 전신이 마비되어 왔다.

여행길에 오르기 전에 병원 종합검진에서 폐활량에 문제가 있다는 판정을 받은 바 있다. 그리고 발목이 부러져 깁스를 하고 한 달 동안 치료를 받았고, 무릎은 신경치료가 완치되지 않는 상태였다. 나이 60에 주제 파악도 못하고 용기 하나만 가지고 떠나온 자신이 한없이 원망

킬리만자로 키보 산장

스럽다.

그래도 휴식을 반복하며 강행군을 하여 10km 지점인 키보 산장에는 오후 2시경에 도착할 수 있었다.

"키보 산장"은 건물 한 동에 5개의 룸과 식당으로 사용하는 홀이 하나 있다. 각 룸마다 2층으로 된 침대가 놓여 있어 12명이 사용할 수 있는 도미토리 형식으로 총 수용 능력이 60명이며, 오늘은 약 30명 정도가 입소하였다.

산장 관리실에 입소 신고를 마치고 두통이 밈춰주기민을 기다리며 휴식을 취하고 있다. 먼저 도착한 요리사들이 연기를 피우며 바쁘게 준비한 저녁식사는 오후 5시가 되기 전에 먹어야 했다. 그리고는 모두들 정상 정복에 도전할 완전한 복장을 갖추고 등산화를 신은 채로 잠자리에 들었다.

가이드는 일찍 자라고 하지만 잠을 청해 봐도 고소로 머리만 깨질 듯 아파올 뿐이다. 아무리 생각해도 몸 컨디션이 어느 정도 회복되지 않는다면 정상 도전이 아니라 하산 길을 택해야 될 것 같다.

두통 속에서도 내 인생의 나머지 시간을 헤아릴 수는 없지만 정상에 목숨을 걸기에는 아직은 아쉽다는 약한 마음이 자꾸만 든다.

갈등하는 나에게 더이상 생각하지 말라는 듯 잠은 나의 생각을 정지시킨다.

DATE 열두번째날

마치 전쟁에서 무슨 작전이나 나가는 것처럼 밤 11시에 기상하여 0시에 킬리만자로 정상을 향한 진격개시 명령이 떨어졌다. 11시가 되자 누가 먼저라 할 것 없이 모두들 일어나서 따끈한 차 한 잔으로 마음을 달래며 각오를 다짐하는 모습이다.

헤드플래시를 이마에 동여매고 0시가 되자마자 가이드를 앞세워 킬리만자로 정상 정복 길에 나섰다. 달빛을 받으며 가이드 뒤꽁무니를 따라 거북이 걸음으로 길만스 포인트로 향한다. 이때 속력을 내는 사람들은 대부분 얼마가지 못해서 포기하고 내려가야 하는 운명에 처한다.

한 발 디디면 두 발 미끄러지는 화산석 모래밭을 등산용 지팡이에 의지하며 U자형 "너덜겅" 지대를 지그재그로 올라간다. 처음에 20㎝ 보폭으로 100보를 걷고 서있는 자세로 쉬면서 걸어가기를 반복하였다. 다음에는 90보, 80보, 50보를 가다 아예 주저앉아 버렸다.

출발 당시 기온이 영하 20℃로 매우 쌀쌀하였지만 산을 오르면서 땀으로 흠뻑 젖고, 약간의 휴식이 길어지면 몸에 한기가 감돌았다. 휴식을 취하면 피로가 겹쳐 졸음이 계속 엄습해 오고 이대로 잠들면 아주 잠들 것 같다.

정해진 등산로 코스가 없어 모래 언덕을 미끄러지며 어렵게 오르니 커다란 바위들이 앞을 가로막는다. 끝자락이 보이지 않는 정상을 향하여 바위틈 사이를 이리저리 헤집고 올라간다.

키보산장을 출발하여 6시간의 산행을 단행한 끝에 "길만스 포인트" (Gillman's Point : 5685m)를 코앞에 두고 있다. 마침 동녘 하늘에 태양이 떠오르는 선

킬리만자로 길만스에서

킬리만자로 정상 능선

라이스 시간대에 맞추어 길만스 포인트에 도착하였다.

건너 편 능선의 만년설은 아름답기보다는 속인이 범접할 수 없는 장엄함을 연출하고, 발 아래 펼쳐진 구름바다를 뚫고 오색영롱한 태양이 떠오르고 있다. 선 라이스를 카메라에 담으려고 셔터를 눌러보지만 날

킬리만자로 분화구

킬리만자로 우후루 정상에서

씨가 얼마나 추운지 카메라가 얼어 작동하지 않는다. 아쉬운 대로 디지털 카메라로 몇 커트를 찍었다.

길만스까지만 올라와도 킬리만자로 등정 증명서를 주지만 정상인 우후루 피크까지는 아직도 2시간 정도를 더 가야한다.

밤새 사투를 벌인 탓에 생명을 의심할 만큼 몸 컨디션이 좋지 않았다. 가이드는 심각한 얼굴로 나의 결정을 기다린다. 두통은 끊임없이 나를 공격하고 있지만, 이보다 더 나쁜 상태란 존재할 수 없으리라는 오기로 우후루 피크를 향해 엉금엉금 기듯이 걸음을 옮겼다.

정신적 해탈로 모든 것을 버리고 받아들인 상태임에도 육신의 고통은 쉽게 벗어날 수 있는 것이 아니었다. 기도하는 마음으로 자신을 채찍질하며 빙판의 산등성이를 오르고 또 올랐다. 차오르는 가쁜 숨을 몰아쉬며 또다시 20m를 가다 쉬기를 반복하였다.

우후루 정상을 삼 방면으로 둘러싸고 있는 만년설 빙하의 조각 작품이 고대 그리스 시대 신전을 연상케 하였다.

드디어 길만스 포인트를 출발한지 2시간 만에 그렇게 밟아보고 싶었던 "우후루 피크" (Uhuru peak : 5,895m) 정상에 내가 우뚝 섰다. 가이드를 얼싸안고 끓어오르듯 소리치자 눈물이 절로 흐른다. 눈물의 의미는 무엇인지, 환희의 눈물일까? 용기와 감동의 눈물일까?

이곳은 세계에서 제일 큰 화산으로 지름이 2.4km의 크레이터 (분화구)가 펼쳐지고 있다. 정상의 크레이터는 푸른빛 얼음 기둥이 총총히 서 있고 만년설로 덮여있다. 한라산 백록담과 규모나 크기를 비교할 수는 없지만 물이 한 방울도 고여 있지 않다.

정상에서 약 30분 동안 머물며 표지판을 배경으로 기념사진 몇 장을 촬영하였다. 눈 앞에 펼쳐지는 사바나의 대 파노라마는 내 평생의 영원한 추억으로 간직하게 될 것이다.

검은 대륙 아프리카의 지붕인 킬리만자로 정상을 정복한 후에는 새로운 에너지가 충전된 듯 한결 마음이 가벼워짐을 느낄 수 있었다.

산을 오를 때는 무리한 욕심을 앞세워 올라왔지만 이제는 하산하려니 허망한 생각이 들었다. 어두운 밤에 어떻게 이 길을 올라왔는지 불가사의한 일이다. 낮에 오른다면 쉽지 않겠다고 생각하며 바위 틈바구니 사이로 내려가려니 보통 문제가 아니었다.

긴장이 풀려서인지 온 몸이 나른하고 잠시 휴식만 취해도 졸음이 밀려왔다. 바위 무덤을 어렵게 빠져 나와 중턱을 내려가는 길은 화산석 모래밭으로 밟으면 미끄러지곤 했다. 아예 앉아서 미끄럼을 타고 내려가기도 했는데 부러졌던 발목이 시큰시큰하며 이상 징후를 보여 무척 신경이 쓰였다. 준비된 비상식량도 없이 몹시 허기가 진데다 갈증이 심해 목이 탈 지경이다.

오후 2시경 키보 산장에 돌아오니 그곳에 있던 사람들이 포옹을 해주며 엄지손가락을 세워 "스트롱맨"이라고 환호해 주었다.

오후 3시경 키보 산장을 뒤로 하고 10㎞를 하산하여 호롬보 산장까지 3시간 30분을 소요하여 당도하였다.

산장에 하산 신고를 마치고 룸을 배정받아 들어가니 스위스에서 온 두 친구가 등정을 앞두고 휴식을 취하고 있다. 나는 등정을 마치고 하산길이라 하니 무척 부러워한다.

그동안 시큰거리는 발목 상태를 확인하려고 등산화와 스타킹을 벗는 순간 놀라지 않을 수 없었다. 발등은 퉁퉁 부어오르고 발톱이 모두

퍼렇게 피멍이 들어 있었다. 이때 상처받은 발톱을 여행이 끝난 다음 병원에서 3개를 뽑아야 했다.

열세번째 날

아침부터 가이드 리먼이 와서 오늘이 마지막 날이라고 능청을 부린다. 아니나 다를까 가이드, 포터, 푸드포터 3인에게 팁을 주었으면 하는 눈치이다. 팁은 1인당 10달러 정도를 주는 것이 보통 관례이지만 나는 60달러를 주며 3인이 나누어 쓰라고 하였다. 이들은 나에게 감사하다고 악수를 청하지만, 진정으로 감사를 해야 할 사람은 나라는 생각이 들었다.

오늘따라 푸드포터가 아침식사를 푸짐하게 차렸지만 감기몸살기로 입맛이 없어, 스위스 친구와 과일 몇 조각만 먹었다.

8시에 호롬보 산장을 출발하여 3시간을 걸어 만다라 산장에 도착하여 잠시 휴식을 취한다. 그동안 나를 괴롭히던 고소의 고통은 씻은 듯 없어졌고 킬리만자로와 벌이던 사투의 순간도 꿈이었나 싶을 정도로 가물가물하다. 더운물로 세수를 하고 나니 비로소 인간으로 돌아온 기분이다.

5일전에 산행을 처음 시작했던 마랑구 게이트로 향하는 길목에서 킬리만자로는 나에게 마지막 감동을 선물로 안겨 준다. 반신불수의 장애자들이 즐거운 모습으로 정상을 향해 휠체어 바퀴를 열심히 돌리고 있다. 그들 뒤로는 건강한 젊은 외국인 몇몇이 지친 얼굴로 휴식을 취하

킬리만자로 정상 등반 인정서

고 있다.

이제 마지막 코스인 마
랑구 게이트를 향해서 하
산의 발길을 재촉하지만
긴장이 풀려 전신이 쑤시
고 아프다. 한 걸음 한 걸음
을 내디딜 때마다 발가락 통
증이 이제는 고소증을 대신
하였다. 앞으로 보름 정도를
이 발가락으로 여행을 어떻게
할 수 있을는지 심히 걱정스러
워진다.

오후 3시경에 마랑구 게이트
에 도착하여 관리사무소에 하산 신고를 하였다. 관리사무소에서는 탄
자니아 정부를 대신하여, "2003년 1월 14일 오전 9시 30분에, 나이 60세
인 Kim Jong Nyoun은 가이드 Neeman John을 앞세우고 518,103번째로
킬리만자로 정상인 우후루 피크 등정에 성공하였다"고 쓰여진 증명서
를 정성스럽게 써 주었다.

증명서를 받아드니 그동안의 육체적 고통과 마음 고생이 일순간에
사라지고 개선장군이나 된 듯 의기가 양양해진다.

모든 등산장비를 대여점에 반납함으로써 4박 5일 동안의 킬리만자
로의 트레킹 일정이 끝났다.

모시까지 나가는 교통편을 알아보는데 등산장비 대여점 주인이 모

시를 나갈 일이 있다며 태워다 주겠다고 한다. 2인용 초미니 승용차로 30분 거리에 있는 모시시내 버스터미널까지 데려다 주었다.

탄자니아 커피 열매

내일 아침 7시에 출발하는 "다르에스살람" 버스표를 예매하고 버스터미널에서 가까운 곳에 있는 "New Coffee Tree Hotel"에 여장을 풀었다.

저녁에 가이드와 통화하고 내일 다르에스살람 버스터미널에서 만나기로 약속했다.

인구 10만의 모시 (Moshi)는 킬리만자로 등산 기지로 커피 애호가들에게는 매력적인 향기가 가득 찬 도시이다. 오늘 밤 여장을 풀 호텔 이름이 말해 주듯 킬리만자로는 커피의 본고장이다. 레스토랑에는 아프리카페 (인스턴트)가 주류를 이루지만 정부가 경영하는 커피바로 "Kibo House"도 있다.

이곳의 커피는 신맛을 죽이기 위해 밀크를 많이 타는 것이 흰지 사람들의 시음법이다. 모시의 중심 부족인 "차가족"이 영국의 식민지 시대부터 지금까지 근면하게 일해 농산물의 집산지로 훌륭하게 발전시켜 왔다.

간밤에 호텔 나이트 홀에서는 새벽 4시까지 광란에 가까운 밤을 보낸 듯 하다. 시끌벅적한 음악과 웃음소리에 깊은 잠을 청할 수가 없었다. 거기에다 모기와 전쟁을 치르면서 자다 깨다를 반복하였다.

7시에 맞추어 터미널로 나갔으나 버스는 예정 시간보다 30분 늦게 출발하였다. 왕복 2차선 포장도로는 교통량이 그리 많지 않아 시원스럽게 펼쳐져 있다.

버스는 에어컨은 없으나 아이스박스에 여러 종류의 음료수를 가득 채우고 조수가 차내를 오가며 과자류와 음료수를 서비스로 제공하였다. 차내의 승객은 모두 흑인이고 동양인은 나 혼자이기 때문에 모든 시선이 나에게 집중되었다.

옆자리에 동석한 갈색 피부를 가진 미모의 젊은 여인이 나에게 호의적인 관심을 보이는 것 같다. 조수가 분위기를 잡아주고 사진도 같이 찍어주니 승객들은 박수를 보낸다. 나 역시 이런 분위기가 싫지는 않아 오히려 버스가 오랫 동안 달려주기를 기대하였다.

태극마크가 인쇄된 볼펜 몇 자루를 주위 사람들에게 선물로 주니 무척 좋아들 한다.

버스는 승객의 요청에 따라 중간 중간 쉬면서 용변을 보도록 시간을 내주기도 했는데, 화장실이 없어 도로변 아무 곳에다 남녀 가리지 않고 용변을 보면서도 부끄러움을 느끼는 것 같지 않았다. 달리는 버스에서 차창 밖으로 쓰레기를 아무런 죄책감 없이 버리는 아프리카의 문화가 개선되는 날이 오기를 기원한다.

버스기사는 운전에 자신감이 있는지 자세가 흩어져 있어 보는 사람이 불안할 정도다. 가끔씩 조수의 요금 계산에 지나치게 관심을 갖고 힐끗힐끗 쳐다보며 참견하기도 한다.

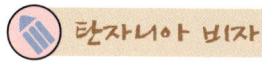

탄자니아 비자

입국비자가 가능하다. 공항에 도착해서 신청서 작성 후 비자를 받는다. 1박 2일 소요되고 보통 30일 유효한 비자가 발급된다.

버스가 8시간 정도를 달려 목적지인 탄자니아의 수도 "다르에스살람"(Dares Salaam)에 도착하였다.

터미널에 도착하자 가이드 송호철 씨가 나와서 기다리고 있어 무척 반가웠다. 일주일 만에 다시 만나게 된 것이다.

택시로 숙소인 YMCA 유스 호스텔에 들러 배낭을 풀고 곧장 말라위 대사관으로 직행하였다. 대사관에 황색카드(황열병 예방접종 증명서)와 미국달러 70불을 지불하고 말라위 비자를 발급받았다.

정원에서 이들과 시원한 맥주를 한 잔씩 나누고 해안가에 자리한 중국인 식당에 들러 오랫만에 라이스에 스테이크를 주문하여 허기진 배를 채웠다.

다르에스살람의 중심가는 탄자니아 수도답게 깨끗해 보였다. 다르에스살람은 아라비아어로 "평화로운 항구"라는 뜻이다. 이름에서 일 수 있듯이 일찍이 동아프리카 연안에서 무역업으로 활약한 아랍계 사람들이 이용했던 천혜의 항구이다.

시가지를 둘러보며 숙소에 돌아오니 "잔지바"로 떠났던 팀들이 돌아와서 재회의 기쁨을 나누었다. 일행들은 내 얼굴을 보고 화상으로 껍질이 벗겨져 아프리카 흑인이 다됐다고 놀린다.

말라위

말라위

새벽 4시경에 짐을 챙겨 말라위로 떠나기 위하여 봉고차를 불러 타고 버스 터미널로 향했다. 5시에 출발하는 말라위 행 국경버스는 어디서 승객을 태우고 왔는지 이미 초만원을 이루고 있다.

국경을 넘나드는 버스 치고 실내 환경이 불결하기 짝이 없다. 24시간을 달려 가야할 버스는 고장이 잦아 가다 서다를 반복한다. 차내의 공기가 후덥지근하여 옷이 땀으로 절어 역겨운 냄새가 코를 진동시켰다.

여행의 피로가 누적되었는지 계속 눈이 감기고 배가 고파 기운이 없어 정신이 몽롱하다.

차창 밖에는 초록이 우거진 전형적인 농촌 풍경으로 농부들이 밭에서 일하는 모습이 보인다. 빨간 흙벽돌로 지은 5평 미만의 자그마한 주택들이 옹기종기 모여 마을을 이루고 있다. 동화 속에 나오는 일곱 난쟁이와 아리따운 공주가 살았던 집처럼 느껴졌다.

버스가 정류장에 잠시 멈추면 행상들이 장사진을 이뤄 모여들고 별로 좋아 보이지 않는 물건들을 코앞에 대고 사라고 졸라댄다.

그러는 사이 버스는 탄자니아 국경 마을인 "Kasumulu"에 노착하여 출입국 관리소에 출국신고를 마치고 "Songgwe"강 다리를 건너 말라위 국경 출입국 관리소에 들러 입국 수속을 했다.

가난한 나라일수록 세관의 검사는 상당히 까다로워 여행자의 모든 배낭 속을 이 잡듯이 하나하나 다 뒤집는다. 무려 4시간 동안이나 트집을 잡으며 시간을 끌고 있다.

말라위 (Malawi)는 국토의 20%를 차지하는 긴 말라위 호수를 따라 자리 잡은 내륙 국가다. 북반부 동쪽은 탄자니아, 서쪽은 잠비아에 접하고, 남반부 동·서쪽은 모잠비크와 접경을 이루고 있다.

19세기 중반에는 영국의 식민지로 "냐살랜드"라고 불렀다. 그 뒤 독립하여 리빙스턴이 발견한 나라라는 것을 국민적 자랑으로 삼고 있다.

말라위 호에서 내륙 쪽으로 융기한 높은 지대로 고원지대는 기후도 시원하고 전망이 아주 좋다. 호수를 왕래하는 기선 위에서 버스나 기차 여행과는 또 다른 여정을 맛볼 수 있다.

1. 수도 - 릴롱궤
2. 시차 - 한국보다 7시간 느리다
3. 화폐 - 콰차, 탐발라
4. 언어 - 영어와 chichiwam어가 공식언어이며, 니안자어도 통용된다
5. 종교 - 기독교 (55%), 로마 카톨릭 (20%), 이슬람교 (20%), 토속신앙

어둠이 깔려오니 희미한 전등불에 불나방과 모기 등의 풀벌레가 떼지어 모여 들었다. 국경 마을 아이들은 불나방을 잡아서 날개만 떼어 내고 그대로 먹는다. 그리고는 메뚜기 잡듯이 불나방을 쫓아다니며 잡아 빈 병에 가득 채워 집으로 돌아갔다. 그 많은 벌레들이 순식간에 없어졌다. 이곳 사람들의 영양보충 방법으로 지금까지 조상 대대로 물려받은 삶의 지혜인가 보다.

내 어린 시절 논두렁을 따라 메뚜기를 잡던 그 시절을 생각하니 이들의 모습을 미개한 문화라고 단언할 수만은 없었다.

세관검사를 어렵게 마치고 버스는 국경을 넘어 칠흑 같은 어둠 속을

달려, 다음 날 새벽 1시 30분경에 **"우리와"**라는 시골마을에 도착하였다.

이 밤중에 기다리는 사람도 없지만 그렇다고 길바닥에서 밤을 새우기는 체력적으로 무리였다. 저 멀리 외딴집의 가물거리는 전등불을 향해 걸어갈 수밖에 없었다. 가까이 가보니 시골의 자그마한 음식점 홀에 전등

벌레를 잡아먹는 아이

불을 켜놓고 가족들이 모두 잠들어 있었다.

창문을 두드리니 한참 만에 안에서 인기척 소리가 났다. 젊은 주인이 나오더니 오늘 영업이 끝났단다. 갈 곳이 없어 하루 밤 자고 가자니 룸이 없다며 홀에서라도 잘 수 있으면 자보란다. 야심한 시각에 피로가 쌓여 시간과 장소를 가릴 입장이 아니었다. 주인의 허락이 떨어지자마자 홀 바닥에 침낭을 깔고 그대로 꿈속으로 빠져버렸다.

아침에 눈을 떠보니 침낭 속은 개미집이 되었고, 내 몸뚱이가 개미의 활동무대가 되어 있었다.

이곳에서 조금 떨어진 말라위의 호수 "칠룸바" 선착장에 들러 승선권을 예매하고 오늘 하루는 휴식을 취하기로 했다.

가이드북에서 소개한 호수 주변 마을 숙소에 들러 1침대에 1달러 한다는 방을 보았지만, 이것은 방이 아니라 완전 창고나 다름없었다. 더

구나 전기시설과 수돗물도 아예 없었다.

오후 1시부터 판다는 승선권을 예매하려고 무려 6시간을 기다렸으나 내일 새벽 4시부터 판다고 한다. 누굴 붙들고 물어봐도 말이 제각각 달라 종잡을 수가 없다.

할 수 없이 내일 다시 오기로 하고 이곳에서 80km 떨어진 "카롱가"로 나와 호숫가에 숙소를 정하고 레스토랑 정원의 벤치에 앉아 비프스테이크에 고추장을 발라 맥주를 곁들인 만찬을 즐겼다.

모래사장을 거닐며 바다보다 더 넓은 듯한 호수에 잠긴 석양을 보니 한 폭의 그림을 보는 것 같다. 호수에 카누를 띄우고 고기를 잡던 어부들이 바구니에 물고기를 가득 채우고 하나 둘씩 귀가하고 있다.

DATE 열일곱번째날

이라라 여객선에 승선과 하선하는 모습

지난 밤부터 천둥 번개를 동반한 소나기가 아프리카 카롱가의 광활한 대지를 흠뻑 적시고 있다. 갈대로 엮은 지붕이 새어 빗물이 침대 위로 뚝뚝 떨어지는데도 그런 것을 신경 쓸 사이도 없이 금방 곯아 떨어졌다.

간밤에 그렇게 퍼붓던 소나기가 지나가고 상쾌한 아침 햇살이 초지를 살찌우고 있다. 그동안 땀에 찌들었던 옷가지를 세탁하여 햇빛에 말리며, 이번 여행에서 가장 한가한 휴식 시간을 보냈다.

오늘부터 2박 3일 동안 "이라라" (ILALA) 여객선을 타고 말라위 호수 여행을 떠난다. 오후 3시경에 카룽가를 출발하여 80km 떨어진 칠룸바 선착장으로 향했다.

"**말라위 호수**"를 왕래하는 유일한 해상 교통수단인 "이라라"호 여객선은 일주일에 한번만 운행하기 때문에, 오늘 승선을 못하면 다시 일주일을 기다려야 한다. 호수 여행을 즐기려면 여객선이 선착장을 통과하는 날짜를 정확하게 알아두어야 시간을 절약할 수가 있다.

오늘 밤에 출항하는 여객선 승선권을 23달러에 구입한 후 "이라라" 호가 입항할 때까지 호수에서 이곳 아이들과 카누와 수영을 즐기며 시간을 보냈다. 오후 6시경부터 현지인들이 여객선을 타려고 선착장으로 나와 배가 입항할 때까지 모래사장에 모여 앉아 환담을 나누고 있다. 나는 잔잔한 호수에 휘영청 솟아 오른 보름달 주변에 총총히 박힌 별과 별자리를 찾아보는 재미로 시간을 보냈다.

"Moonrise"를 바라보고 환호하는 장면과 소원을 빌며 즐거워하는 그들의 모습을 디지털 카메라에 담아 보여 주었다. 나의 디지털 카메라의 위력은 이곳에 모여 있는 사람들이 호기심을 갖기에 충분하였다. 그럴수록 카메라 관리에 많은 신경을 써야 했다.

말라위는 모든 모기의 본고장이라는 이름만큼이나 모기와 해충이 많았다. 아프리카를 여행하는 사람은 대개 말라리아 예방약과 주사를 맞고 오는데 나는 여러 가지 부작용도 있다고 해서 그대로 떠나왔다.
그런데 모 방송국 TV프로인 "도전, 지구탐험대" 에 출연했던 어느 탤
런트가 오지에서 말라리아 모기에 물려 사망했다는 이야기를 들은 바
가 있어 은근히 걱정이 되기도 했다.

밤 10시가 되면서 호수 저 멀리 오색등으로 장식된 이라라호가 화려
한 불빛을 밝히고 뱃고동 소리를 울리며 선착장으로 들어왔다. 외국인
을 먼저 승선시킨 다음 내국인을 태웠고, 하역 작업이 끝난 다음 날 새
벽 2시경에 배는 서서히 미끄러지듯 출항하였다.

DATE 열여덟번째날

이라라호 갑판 위 침실

이라라호에는 지정된 좌석이 따로 없어 양
쪽 모서리에 설치된 몇 개의 긴 벤치
에 적당히 자리잡고 앉아야 한다.
배에서는 매트리스 한 장에 말
라위 화폐로 50콰차를 받고
대여해 주고 있었다. 새벽 시
간대라 벤치 기둥에 배낭을
쇠사슬로 단단히 묶어 놓고,
갑판 바닥에 매트리스를 깔고
침낭 속으로 들어갔다.
난생 처음 밤하늘에 떠있는 둥그런 달

과 초롱초롱한 별빛을 이불 삼아 가장 신선한 잠을 청할 수 있었다.

이른 아침 호수에서 맞는 해돋이로 갑판 위가 소란스러워져 잠자리에서 일어나야 했다. 저 멀리 어둠의 끝자락을 비집고 떠오른 태양이 호수를 데우고 그 위로 펼쳐진 무지개 빛은 우리들을 열광하게 만들었다. 이 아침에 호수도 흘러가고 배와 산천도 흐르고 내 인생도 이렇게 흘러가고 있다. 이국 밀림 한 편에서….

이번 말라위 호수 여행은 2박 3일 일정으로 약 40시간을 칠룸바에서 은코타코타까지 640톤급 이라라호로 가고 있다.

이라라 여객선에서 맞은 일출

'이라라' 호에 승선하려고 보트로 이동하는 모습

옹기종기 모여 사는 마을 앞 선착장에는 마을 사람들이 나와서 일주일에 한 번 지나가는 생필품 보급선 겸 유일한 교통수단인 이라라호를 기다리고 있었다.

이 날은 섬 마을의 장날이며 잔치 날이기도 하다. 때 묻지 않는 원시의 풍광이 파랗다 못해 시려 호수와 조화를 이루며 호수주변은 한 폭의 수채화를 연출해낸다.

바다를 오가는 여객선과 달리, 잔잔한 호수를 가르고 지나가는 뱃머리에 부딪치는 물보라 소리도 엔진 소리와 같이 어우러져 정겨운 장면을 더해주고 있다.

이라라호는 12시 30분에 "인카타베이 섬"에 도착하여 밤 8시에 출항한단다. 일단 배에서 하선은 했지만 섬이라고 마땅히 가볼 만 곳도 없고 기념품을 파는 행상들이 따라다니며 귀찮게 할 뿐이었다.

일렁거리고 낭만이 넘치는 호수 바로 옆 로즈를 빌려서 휴식을 갖기로 하였다. 밀려온 물결이 바위를 때리고 부서진 포말이 미끄러지듯

인카타베이 호수 주변

인카타베이 섬 아이들

빠져나간다.

　이곳 사람들의 삶의 터전이며 생명의 젖줄인 말라위 호수에는 오늘
도 카누를 저어가며 물고기를 겨누어 힘차게 작살을 던지는 어부들의

모습을 자주 볼 수 있었다.

어제보다 승객이 다소 늘어 갑판 위가 상당히 혼잡하고 조금은 소란스러워졌다. 오늘 밤도 하늘을 이불 삼아 잠자리에 들려고 하니 뱃속이 편치 않다. 아마도 낮에 섬을 돌아다니며 이것저것 군것질을 한 것이 소화가 안 되어 배탈이 난 모양이다. 구급약으로 가져간 소화제를 기도하는 마음으로 먹었다.

열아홉 번째 날

이슬을 흠뻑 먹어 축축한 침낭 속에서 자고 일어나니 왠지 몸이 무겁고 컨디션이 썩 좋지 않았다. 따뜻한 물로 샤워를 하고 나니 몸에 쌓였던 피로가 어느 정도 풀리며 기분도 많이 상쾌해진 느낌이다.

갑판 벤치에 앉아 내리 쬐는 태양 빛에 일광욕을 즐겼다.

선장과 엔지니어가 가까이 와서 옆자리에 앉으며 말을 걸어왔다. 이들과의 대화는 한국의 경제발전과 월드컵 4강 신화를 이룬 축구 이야기가 주된 내용이었다. 그리고 아프리카 및 말라위의 경제적 어려움을 들려주기도 하였다.

엔지니어 안토니는 나이가 33살이고 대학을 졸업한 후에 이 배에서 5년 동안 근무하고 있다고 했다. 이 배에서 선장과 본인만 월

 말라위 비자

말라위 대사관이나 영사관에서 비자를 발급한다.
1박 2일 소요된다.

14,000콰차 (160달러)를 받고 적게는 20달러를 받는 선원도 있다고 하였다. (USD1는 80Mkw이다.)

　말라위는 1인당 GNP가 75달러 정도의 후진국으로 10,000달러의 한국과 비교하는 것은 문제가 있지만, 물가가 비싸고 환율이 불안하여 서민들의 생활수준은 가난을 면치 못하고 있는 실정이다.

　오후 3시 30분경 "은코타코타"(Nkhotakota)에 도착함으로써 2박 3일간, 40시간의 말라위 호수 여행을 무사히 마칠 수 있었다.

　말라위 제2의 도시인 "블란타이어"(Blantyre)로 가려면 이곳에서 60km 떨어진 살리마 (Salima)까지 나가야 한다.

　정규 노선버스가 없고 10여 명이 탈 수 있는 소형버스로 승객들을 합승시켜 운행하고 있었다. 어렵게 가격을 흥정하여 탑승한 후 2시간 정도를 달려 살리마 버스터미널에 오후 7시경 도착하였다.

　블란타이어로 가는 버스는 다음 날 새벽 1시에 있다고 하니 터미널에서 무려 6시간이나 모기와 전쟁을 하며 기다려야 했다. 터미널로 들어온 버스에는 이미 승객이 초만원 상태이다. 밤 새워 타고 갈 버스에 빈 자리는 물론이고 배낭조차 내려놓을 곳도 마땅치 않았다.

　간신히 버스 바닥에 배낭을 내려놓고 그 위에 앉아 졸면서 갔는데, 곳곳에 검문소가 설치되어 있어 신분증 및 배낭 검사를 받아야 했다.

　검문을 한 번 받을 때마다 모든 짐을 내려야 했는데, 텅 빈 버스를 먼저 검사하고 난 후에 승객들의 짐을 먼지 털듯이 1시간 이상 검사를 했다. 검문소에서 아편 반입과 상아가 반출되는 것을 막기 위하여 검사를 철저하게 하고 있었다. 8시간 동안 두 번씩이나 검문을 받으면서 힘들게 블란타이어에 도착하였다.

스무번째날

블란타이어의 한 호텔

"블란타이어" (Blantyre)는 말라위 남쪽, 소체산 (Mt, Soche) 중턱에 자리 잡은 말라위의 최대 도시이자, 가장 오래된 도시이다. 블란타이어라는 지명은 리빙스턴이 태어난 스코틀랜드의 도시 이름에서 따온 것이라 한다. 말라위 상공업의 중심지인 이곳의 인구는 약 33만 명이며 각지로 통하는 교통의 요지이다.

아침 9시경 블란타이어에 도착해서 숙소 "Gooes" 로즈를 찾아 나섰다. 터미널에서 도보로 5분 거리에 있었는데 주변 환경이 너무 지저분하고 불결하였다. 로즈 (lodge)가 낡고 허름한 건물로 마음에 들지는 않았지만, 그래도 정원에는 빨간 장미꽃이 활짝 피어 있고 풀장까지 갖추고 있다.

12시경에 송호철씨와 시내 관광 길에 나섰지만 특별한 볼거리가 별로 없는 것 같았다. 중심가에는 조경이 잘 된 호텔이나 병원 및 교회 건물들이 비교적 깨끗해 보였다.

호텔 커피숍에 들러 차를 마시며 지배인에게 커피 값을 물어보니 두 잔에 300콰차 (5,000원)라 한다. 그리고 호텔 숙박비도 더블 침대로

220달러라 하니 한국의 물가보다 싸지 않음을 알 수가 있었다.

말라위 삼육재단의 총 본산을 찾아갔다. 깨끗한 시설의 건물로 방마다 컴퓨터가 놓여 있고 치과 병원도 운영하고 있었다. 특히 세계 각국에서 말라위를 찾아온 같은 재단의 신도 여행객에게 실비로 게스트하우스를 제공하고 있었다.

숙소에 돌아오니 갑자기 소낙비가 쏟아졌다. 천장에서 떨어진 빗방울이 침대를 적시고 있다. 침대에 누워 여정을 메모하고 있는데 어디선가 뻐꾸기 우는 소리가 구슬프게 들려온다.

내일은 아침 6시에 블란타이어를 출발하여 모잠비크를 거쳐 짐바브웨의 수도인 "하라레"까지 가는 빡빡한 여행 일정이 잡혀있다. 버스를 12시간 정도 타고 가려면 미리 점심을 준비해서 떠나야 하지만, 나는 가는 도중에 적당히 해결할 생각이다.

짐바브웨

짐바브웨

스물한 번째날

새벽 5시에 일어나 바쁘게 서둘러 6시 30분에 하라레로 출발하는 버스를 타려고 터미널로 나갔다. 버스는 출발 시간이 지났는데도 움직일 기미를 보이지 않는다. 좌석이 다 차야 출발한다니 아프리카에서는 시간관념이 우리와 달라 난감한 경우를 많이 겪게 된다.

버스는 8시가 넘어서야 시동을 걸고 서서히 움직이기 시작한다. 굴곡이 심한 도로를 3시간 가량 주행한 끝에 말라위 국경 출입국관리소에 당도하였다.

1시간의 출국 수속을 마치고 버스는 다시 20분을 달려 모잠비크(Mozambique) 쪽에서 1시간 정도 입국 수속을 밟은 후 국경을 넘어 들어갔다.

"모잠비크"로 들어오니 도로변에 옹기종기 모여 있는 농촌의 전원 풍경이 이색적으로 보인다. 진흙과 쇠똥을 발라 지은 원형주택으로 멀리서 보면 몽골 유목민의 천막 가옥인 "파오"(게르)와 비슷하게 보였다.

버스를 10시간 이상 타고 가야 하는 장거리 여행이지만 보이는 것 모두가 색다른 풍경이라 지루하지는 않았다. 같이 타고 있는 현지인 승객들은 이방인과 한국

모잠비크 비자를 받기 위해 줄 서있는 모습

짐바브웨

남아공, 모잠비크, 나미비아 및 보츠와나로 둘러싸인 내륙국인 이 나라는 국토 면적이 39만㎢로 한반도의 1.8배에 달하나 인구는 약 1,400만 명 정도로 추산된다.

사하라 이남에서는 남아공 다음으로 사회 간접자본과 제조업 기반이 잘 갖추어져 있어 향후 아프리카의 경제발전을 주도할 수 있는 잠재력을 가진 국가로 널리 인정받고 있다.

한국은 짐바브웨와 지난 94년 수교한 데 이어 95년 10월에는 하라레에 대사관을 개설하였으며, 양국관계는 수교 이래 꾸준히 발전해 오고 있다. 최근 짐바브웨는 한국으로부터 경제개발 경험과 선진 산업기술 도입에 커다란 관심을 보이고 있으며, 특히 한국 기업의 투자에 크게 기대를 걸면서 우리와의 경제협력 관계를 중시해 오고 있다.

1. 수도 - 하라레
2. 시차 - 한국보다 7시간 느리다
3. 화폐 - 짐바브웨 달러 Z$
4. 언어 - 영어가 공용어이고, 쇼나어, 우데벨레어가 통용된다
5. 종교 - 개신교 (50-60%), 토착신앙 (30-40%), 그 외 이슬람교, 힌두교, 유대교가 소수를 이룬다

에 대한 관심을 보이며 호감을 갖고 친절하게 대해 주었다.

"하라레"(Harare)가 가까워지면서 버스 조수가 환전상 (암달러상) 업무까지 대행하며 여행객에게 공식 환율 (1$=55Z$)보다 20배에 가까운 1$(미국 달러)에 1,000Z$(짐바브웨 달러)를 교환해 주겠다고 유혹한다. 시험 삼아 5달러를 주니 5,000 짐바브웨 달러로 교환해 주었다.

하라레에 도착해서 알게 되었지만 암달러 시세가 상상을 초월해 미국 1달러는 1,900~2,000 짐바브웨 달러로 거래된다고 한다. 그러나 여

행하는 동안 실제로 1달러 당 1,500짐바브웨 달러 이상을 환전하지는 못했다.

큰 점포에서 100달러에 200,000 짐바브웨 달러를 환전해 준다기에, 400달러를 환전해 달라니 100달러 짜리를 앞뒤로 살펴보며 놀랜 눈치이다. 100달러는 이곳 흑인들에게는 엄청나게 큰돈일 뿐만 아니라 400달러나 환전해 줄 수 있는 돈을 가지고 있지도 않았다. 여러 가지 구실을 만들어 200달러만 1,500으로 계산해서 300,000짐바브웨 달러로 환전해 준다.

나는 짐바브웨를 여행하면서 짐바브웨 달러는 "짐이 된다"는 의미로 "짐달러"라고 불렀다. 외형상으로는 짐바브웨가 아프리카에서 제일 살기 좋은 나라처럼 보이지만 환율이 불안정한 것을 보면 무언가 잘못되어 있다는 생각이 들었다.

장시간 동안 달려온 버스는 노을진 석양 아래의 시가지 등불이 하나 둘 켜질 무렵 하라레에 도착하였다. 원래 계획은 하라레에서 하루 밤 휴식을 갖고 "블라와요"(Blawayo)행 기차를 타려고 했지만 표를 예매하려고 역에 들르니 오늘 밤 8시에 떠나는 기차가 있다고 해서 돌아오는 길에 하라레를 관광하기로 하고 먼저 "블라와요"행 2등 칸 기차에 올랐다.

기차는 비교적 깨끗한 편이다. 어제 점심식사 후 지금까지 아무 것도 먹지 못해 배 속이 텅 비어 현기증이 나, 일단 식당 칸으로 달려가서 굶주린 배를 정신없이 채웠다.

하라레는 짐바브웨의 수도로 북동부에 위치하고 표고 1,484m의 하이벨트 고원에 있다. 1년 내내 기후가 상쾌하고 연평균 기온은 18℃ 이다. 남아프리카공화국에 대한 백인 식민지의 거점으로 건설된 곳으로 지명은 당시의 영국 수상 이름을 따서 "솔즈베리"라고 명명하였다가 1982년 하라레로 개칭하였다.

하라레는 인구 200만 명에 가까운 대도시답게 거리에는 유리로 화려하게 장식된 고층빌딩이 늘어서 있고, 세련된 부띠끄와 선물 가게, 패스트푸드 상점들이 줄지어 서 있다.

하라레의 매력은 아프리카에서 가장 깨끗한 도시의 모습을 갖고 있고 사람들이 온화하고 매우 친절하다는 것이다. 정원이 잘 꾸며진 주택가와 녹음이 우거진 거리의 가로수가 조화를 이루고 있는 아름다운 도시 풍경이 마음에 들었다.

치안 상태도 아프리카의 다른 도시들보다 훨씬 좋은 편이다. 또한 교통의 요충지로 블라와요와 모잠비크의 항구도시 베이라까지 철도가 연결되어 있고, 인접하는 여러 나라로 통하는 주요 도로의 교차점이기도 하다.

스물두 번째 날
DATE

밤을 새우며 12시간을 달려온 기차가 짐바브웨의 제2도시인 "블라와요"(Blawayo)에 아침 8시에 도착하였다. 기차에서 내리자마자 대합실에 들러 오늘 저녁 7시에 출발하는 "빅토리아 폭포"(Victoria Falls)행 티켓을 예매하였다.

역사 앞에는 블라와요의 관광지인 "마토보 국립공원"(Matobo

National Park) 사파리를 안내하는 여행사 가이드가 나와 지프차를 대기시켜 놓고 경쟁하듯 여행객을 끌어 모으고 있다. 배낭을 역전 화물보관소에 맡긴 후 시내를 관광하며 시장에서 점심식사를 해결하고 역으로 되돌아 왔다.

여행사에서 안내하는 "마토보 국립공원" 투어를 따라 나섰다. 사파리용 지프차는 도요다 스리쿼터를 개조하여 산악지대를 오르내리기 적합하도록 만들어졌다.

남쪽으로 50km쯤 떨어진 마토보 국립공원은 블라와요의 관광 중심지로 여행객들로부터 각광을 받고 있는 곳이다.

공원 내 사바나 (초원)에는 코뿔소, 독수리, 영양 등의 야생동물이 서식하고 있다고 한다.

바위 능선을 따라 주변 풍광을 바라보며 위로 올라가면 바위 동굴이 나온다. 동굴에는 부시맨의 작품이라 하는 4,000년 전의 벽화가 선명하게 남아 있다. 동물의 피와 식물을 이용한 채색은 4,000년 전에 그려진 것이라 믿어지지 않을 정도로 선명하고 정교하게 그려져 있다.

특히 부시맨이 동물을 사냥하는 모습은 당시의 생활 풍습을

마토보 공원의 멧돼지

마토보 동굴 벽화

부시맨들이 사냥하는 모습의 벽화

엿볼 수 있는 귀중한 흔적이라 여겨졌다.

아프리카에는 별로 산다운 산이 없는데 짐바브웨에는 바위산이 많다. 마토보 국립공원은 산 전체가 겹겹이 쌓인 입석바위로 여러 동물의 형상을 연출해 낸다.

왠지 모르게 신비한 분위기가 느껴지는 "짐바브웨"라는 말은 본래 "돌집"이라는 뜻을 갖고 있다고 한다. 그레이트 유적에서 볼 수 있는 거대한 석조 건축 (아크로폴리스)을 그렇게 부르는데, 실제로 짐바브웨 와서 보니 그 이름이 실감난다.

기묘하게 조화를 유지하며 쌓아올린 듯한 바위를 여기저기서 볼 수 있다. 정성스럽게 쌓아올린 매끄러운 곡선의 돌조각, 짐바브웨 유적에서 발견된 석상 "짐바브웨 버드 (신전)"는 국기나 동전의 디자인에도 등장하고 있어 이 나라의 상징물로 되어 있다.

짐바브웨는 우리에게 별로 잘 알려져 있지는 않지만 "관광의 천국"이라 불릴 만큼 관광자원이 풍부하다. 세계적으로 유명한 빅토리아 폭포, 남아프리카의 최고 규모를 자랑하는 그레이트 유적, 광활한 야생보호구 사파리 그리고 고원 트레킹 등의 훌륭한 관광자원이 많이 있다.

내륙국이라 바다는 볼 수 없지만 드넓게 펼쳐진 대자연을 만끽할 수 있는 곳이다. 최근 몇 년 동안 관광객이 비약적으로 증가하면서 대중적인 관광지로 자리를 잡고 있다.

그러나 짐바브웨의 매력은 자연에만 국한된 것은 아니다. 싹싹하고 친절한 주민들 또한 크나큰 관광자원이다. 그들과 접할 기회가 부족하고 또한 전통을 계승한 그들의 독특한 음악과 예술 등을 살펴볼 시간적 여유가 없는 것이 매우 아쉽게 생각되었다.

이곳은 백인 색이 짙은 남아프리카의 대도시에서 느낄 수 없는 "블랙 아프리카"의 매력을 마음껏 즐길 수 있는 곳이다.

스물 세번째 날

DATE

마토보 국립공원 투어를 마치고 블라와요로 돌아온 후 야간열차로 빅토리아 폭포를 향해서 출발하였다.

이번 배낭여행에서 국가와 지역간의 이동은 주로 야간 교통수단을 이용함으로써 시간과 경비를 제법 절약했다. 야간열차이기 때문에 티켓도 침대칸으로 구입했지만 창문들이 제대로 맞지 않아 찬바람이 들어온다.

피곤에 지쳐 이내 곯아떨어진 사이에 새벽부터 창밖에는 하염없이 소나기가 쏟아졌다. 창틀 사이로 스며든 빗물이 배낭과 침낭을 흠뻑 적시었다. 그래도 기차는 굵은 빗줄기를 가르며 밤을 달려서 25일 오전 7시경에 "빅토리아 폭포"(Victoria Falls)에 도착하였다.

역의 규모는 작았지만 관광객을 실어 나르는 증기기관차가 때때로 울려주는 기적소리에 옛 추억의 정취를 느낄 수 있었다.

빅토리아 폭포도 현지 호텔에서 나온 안내원들의 관광객 유치경쟁이 치열하였다. "레인보우 호텔"에 여장을 풀고 나니 천둥번개를 동반한 열대 소나기가 오전 12시경까지 계속 내렸다. 그 덕에 모처럼 한가로운 휴식시간을 가질 수 있었다.

짐바브웨 조각

오후에는 빗줄기가 멈추면서 구름 사이로 태양이 숨바꼭질을 한다. 시내에서 제일 크다는 "Kingdom Hotel" 내부시설과 전시물을 통하여 아프리카의 과거와 현재를 새삼 생각해 보며 커피숍에 들러 한 잔의 커피로 잠시 휴식을 즐겼다.

거리마다 아프리카를 상징하는 목공예품과 화강암과 대리석을 가공하여 만든 조각이 자리 잡고 있고, 전문 조각가들이 정성 들여 만든 조각품을 갤러리에서 판매도 하고 있었다. 마음에 끌리는 작품이 몇 점 있어 가격을 물어보니 비싸지는 않았다. 그러나 큰 작품은 여행이 끝날 때까지 가지고 다니려면 불편할 것 같아 작은 것으로 두 점을 샀다.

현지 여행사가 관광객을 모아 운영하는 "잠베지강 선셋 크루즈" 사파리를 따라 나섰다. 빅토리아 폭포 하류에서 아름다운 일몰을 배경으로 하는 유람선 놀이다. 유람선에 20여 명의 관광객을 태우고 잠베지강을 갈지자(之)로 오르내리며 주변 풍광을 즐기는 코스이다.

보통 오후 4시에 출발하여 해가 지고 난 직후인 6시가 조금 넘은 시간에 돌아오는 코스로 되어 있다. 유람선은 모두 개인 및 회사 소유로 크기와 모양이 각양각색인데 1인당 $30 정도이다.

승선료가 비싸지만 배 안에서 무제한으로 음료와 맥주, 와인, 샴페인 등의 주류가 제공되므로 술을 좋아하는 사람들은 두 손을 들어 환영할 만한 코스이다. 그러나 술에 취하기 전에 분위기에 젖어들어 술을 많이 마시는 사람은 별로 없다.

술은 주로 맥주를 많이 선호하는데 짐바브웨 산 잠베지 맥주와 캐슬 맥주 등이 나오며, 음료수는 미네랄워터와 콜라, 환타 등의 청량음료가 나온다. 안주거리는 보통 케밥 스타일의 쇠고기 꼬치와 크래

빅폴 하류 낙조

커로 만든 카나페 종류, 샐러드, 과일, 튀긴 닭다리 등 2시간 정도를 즐기며 먹을 수 있다.

선셋 크루즈 이후에 저녁을 먹기에는 위장이 부담스럽기는 하지만 새로운 먹을 거리가 나온다는 기대감에 과식하는 것을 주저하지 않았다.

선장과 서빙을 하는 엔터테이너는 자신들을 먼저 소개하고 손님에게 잠베지 강에 대한 역사를 설명해 준다. 자신들의 노래를 불러주고 사진도 같이 찍으며 손님들의 즐거움을 위해 정성을 다한다. 관광객들은 그들에게 호감을 가지며 내리면서 약간의 팁을 준다.

언제나 그렇듯이 즐거운 자리에는 노래가 빠지지 않는다. 노래 부르라는 요청에 잘 부르지는 못해도 목청껏 시원하게 부르는 그들의 노래를 듣고 있노라면 어느덧 크루즈의 즐거움에 빠져들어 나도 모르는 사이에 그들이 불러준 노래를 입 속으로 흥얼거리게 된다.

강 저편에 펼쳐진 동물 보호구역으로 간간이 악어와 이름 모를 새들, 눈과 코만 빠끔히 내놓은 하마들 그리고 다른 초식동물들이 보이고 잠베지강 위로 지는 석양이 주변의 밀림에 내려앉아 목가적인 풍경을 자아낸다.

한 무리의 새들이 강 위를 저공으로 비행하며 평온한 풍경화에 생동하는 선을 긋고 날아간다.

넓은 잠베지강을 누비며 지나가는 배에 손을 흔들어주며 서로 술병을 높이 쳐들어 눈짓으로 건배를 하는 광경은 그들이 보여줄 수 있는 최대한의 여유이며 배려다.

사랑하는 사람과 같이 있다면 그 사람의 어깨에 머리를 기대고 눈빛으로 대화를 나누며, 아무런 말이 없어도 그것만으로도 낭만적인 영화의 한 장면으로 충분할 것 같다. 서로 모르는 사람들이더라도 자연과 그것이 연출하는 분위기에 취해서 금방 친해질 수 있을 것 같은 이것이 잠베지강 선셋 크루즈의 매력이 아닌가 싶다.

DATE

스물 네 번째 날

빅토리아 폭포

오전 중에 빅토리아 폭포를 보기 위해 이른 아침부터 서둘러 작은 배낭에 카메라 2대를 챙겨 넣고 초등학교 시절 소풍을 갔던 기분으로 마음 설레며 숙소를 나섰다.

시내에서 "빅토리아 폭포" 방향을 바라보면 물안개가 하늘 높이 솟구치고 천둥치듯 굉음소리가 요란하게 들려온다. 입장 티켓을 $20에 구입해서 안쪽으로 들어갔으나, 소문난 관광 명소라고 하기에는 관광객이 별로 없어 내가 잘못 찾아온 것이 아닌가 하는 생각이 들 정도였다.

호젓한 오솔길 코스를 따라 가다보면 군데군데 폭포를 조망할 수 있는 포인트가 나온다. 폭포 상류 잠베지 드라이브를 따라 커다란 바오바브

빅토리아 폭포

아프리카 남부를 유유히 흐르는 잠베지강은 나일강 · 자이르강 · 니제르강에 이어 아프리카 대륙에서 네 번째로 긴 강이다. 앙고라 오지에 뿌리를 두고 흘러 잠비아 서부를 가로지른다.

짐바브웨와 잠비아의 국경을 이루다가 모잠비크 해협, 인도양으로 흘러간다.

그 잠베지강의 중류에 있는 빅토리아 폭포는 남미의 이과수 폭포, 북미의 나이아가라 폭포와 함께 세계 3대 폭포로 꼽힌다.

빅토리아 폭포는 1855년 영국의 탐험가 '데이비드 리빙스턴'이 발견했다. 당시 영국 여왕의 이름을 따서 "빅토리아 폭포"라 명명됐지만, 현지 명은 "모시오아 퉁야"로 "천둥치는 연기"라는 뜻이다. 왜 그런 이름으로 불렸는지는 실제로 이곳을 찾아가 보면 금방 알게 된다.

잠베지강의 유유한 물줄기는 굉음과 함께 빅토리아 용소로 떨어진 뒤 물안개가 되어 150m 이상이나 공중으로 피어오르며, 수량도 많아 마치 가랑비처럼 머리 위로 쏟아져 내린다.

또한 물보라 속으로 햇빛이 통과하면서 쌍무지개를 만들어 보는 이의 마음을 황홀하게 한다.

낙엽수 몇 그루가 서 있는데 가장 큰 것은 수령이 200년을 넘었다고 한다. 그 중에 엄청나게 큰 나무를 배경으로 사진을 몇 장 찍었다.

빅토리아 폭포

물안개 속에서 사진을 찍다보니 머리끝에서 발끝까지 물에 빠진 생쥐 꼴이 되었다.

자동카메라와 디지털카메라가 습기로 인하여 작동이 멈추어 버렸다. 빅토리아 폭포를 관광하려면 비옷과 우산 그리고 카메라를 보호할 비닐 커버를 미리 준비해야 할 것이다.

코스를 따라 하류로 내려오면 각종 스포츠 레저 시설이 갖추어져 있다.

빅토리아대교 위에서 잠베지강의 협곡을 향해 과감하게 뛰어 내리는 번지점프의 짜릿한 스릴은 내 평생 영원히 잊지 못할 추억으로 남을 것이다.

두 다리를 로프로 단단히 묶어서 안심하고 뛰어내려도 되지만 다리 아래를 내려다보니 어질어질하고 현기증이 난다. 111m로 세계 최고의 하강 높이라고 한다.

한 번 점프를 하면 ＄100이고, 두 번 점프하려면 ＄150이다. 점프하는 장면을 비디오로 촬영해서 테이프를 주기도 한다.

빅토리아 폭포에서의 래프팅

이밖에도 래프팅, 카누, 스카이다이빙, 헬리콥터, 승마 사파리 등도 즐길 수 있다.

짐바브웨는 아름다운 자연환경과 일년 내내 봄 같은 천혜의 관광국으로써 일찍이 유럽에서는 "아프리카의 진주" 또는 "아프리카의 스위스"로 알려져 있다.

이제 빅토리아 폭포는 짐바브웨 관광의 보물 상자와 같은 존재가 되었다.

이 나라를 찾아와서 빅토리아 폭포를 보지 않는 관광객은 거의 없다. 그런 현실을 반영해서인지 최근 몇 년 동안 주변이 관광지로 꾸며졌으며 고급 리조트 호텔이 다투어 들어서고 시내에는 여행사가 우후죽순처럼 난립하여 경쟁을 한다.

그러나 폭포·강·계곡 등은 리빙스턴이 탐험하던 원시 자연의 모습을 그대로 간직하고 있다. 하마가 물가에서 어슬렁거리고 강바닥에서는 악어가 뒹군다. 그야말로 살아있는 자연이 눈 앞에 펼쳐져 숨쉬고 있음을 목격할 수 있다.

12시경 숙소로 돌아와 젖은 옷을 갈아입고 자유로운 시간을 보내면서 시내 이곳저곳을 둘러보았다. 특히 아프리카를 느끼고 마음에 담아갈 수 있는 재래시장과 토산품 상점을 주로 찾아 다녔다.

DATE 스물 다섯 번째날

간밤에는 더위와 모기로 잠을 설치고도 새벽 4시에 일어나 블라와요로 출발하는 5시 버스를 타려고 터미널로 나갔다. 이른 새벽 시간인데도 웬 사람이 이렇게 많은지 버스는 승객들로 초만원이다.

빅토리아 폭포에서 블라와요까지 기차로 12시간이 소요되지만, 버스로는 5시간 걸려서 오전 10시경에 블라와요에 도착하였다.

도착 즉시 남아공의 요하네스버그로 가는 그레이하운드 고속버스가 오후 4시에 있어 $22를 주고 차표를 끊었다. 그레이하운드 차표를 끊는데 자국 화폐인 "짐 달러"를 받지 않고 미국 달러만 받고 있었다. 지구상에 국내에서 자국의 화폐를 사용하지 못하는 나라가 짐바브웨 말고 또 있을까?

그런 반면에 국제전화 요금은 한국에 한 통화하는데 400원이면 가능했다. 고정 환율이기 때문에 암달러로 환전하여 국가가 운영하는 통신 및 기차요금 등을 지불하면 무척 싸게 이용할 수 있었다.

주유소 앞에 기름을 넣으려는 자동차들이 몇 백 미터씩 늘어서 도로가 노상 주차장이 된지 오래되어 보인다. 기사도 없는 자동차는 시동을 꺼놓은 상태로 며칠씩 장사진을 치고 기다리고 있단다. 제과점에도 빵을 사려는 사람들이 길게 줄을 서 있지만 밀가루가 없어 빵을 만들 수 없다고 한다.

외국에서 수입해온 원료나 원유 등으로 만든 제품은 아예 살 수가 없다. 고정 환율이 불안정하여 암달러와 20배 이상의 차이가 나는데, 어느 누가 국가기관에서 고정 환율로 환전을 하겠는가?

블라와요 시내 노점상들

중동 산유국과 서방 세계로부터 독재 국가로 낙인이 찍혀 원조도 받지 못하고 철저하게 고립되어 있다. 짐바브웨 정부는 달러가 부족하여 외국으로부터 생필품을 수입도 하지 못하는 최악의 경제 상태에 있는 것이다.

차표를 예매하고 난 후 6시

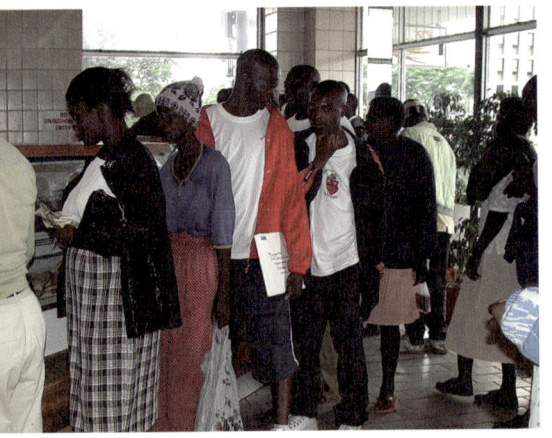

빵을 사기 위해 줄을 서 있는 모습

간 정도 블라와요 시내를 구경
하면서 시간을 보내야 했다.

호주머니를 뒤져보니 짐바브
웨 화폐가 아직도 4,000달러나
남아 있다. 슈퍼마켓에서 과일
과 음료수 등을 구입하고도 짐

 짐바브웨 비자

입국비자가 가능하다. 공항에 도착해서 신청
서 작성 후 비자를 받는다.

달러가 남아 기념품이라도 하나 사려고 하였지만 물건이 조악하고 오
히려 짐만 될 것 같아, 길거리에 앉아 구걸하는 애기 엄마에게 오랫만
에 박시시를 했다.

시가지를 이곳저곳 기웃거리며 구경하다보니 어느새 블라와요를 떠
날 시간이 가까워졌다.

정시에 출발한 그레이하운드 버스는 짐바브웨에서 남아공까지 잘
닦여진 고속도로를 질주하여 국경선에 도착하였다.

남아프리카
공화국

남아프리카 공화국

남아공은 한국인에게는 노비자국이지만 입국수속 및 세관절차가 까다로워 2시간이 소요되어 자정 무렵에 국경을 통과하였다.

어둠을 헤치고 달려온 그레이하운드 버스는 새벽 5시 45분경에 남아프리카의 요하네스버그에 안착하였다.

버스터미널에 도착하자마자 한국인 교포 정동명씨에게 전화를 걸었더니 크라이슬러를 끌고 나와 자기 집으로 안내하였다. 오랫만에 한국요리를 접대받았더니 그동안 잃어버렸던 입맛이 되살아났다.

정동명씨 부부가 남아프리카 (South Africa)에 정착한 지는 벌써 20년이 되었다고 한다. 이곳에 와서 여행업으로 성공하여, 지금은 잘 가꾸어진 정원과 풀장까지 갖추어진 넓은 저택에서 호화로운 생활을 하고 있었다.

남아공 최대 도시인 "요하네스버그"(Johannesburg)를 행정 수도로 생각하는 사람이 많지만, 사실은 인구 80만 명의 프리토리아 (Pretoria)가 수도이다.

지구의 남반구에 자리 잡고 있어 사계가 한국과는 정반대이다. 그동안 남부 아프리카 지역은 인종 격리정책 (Apartheid)과 한국과의 지리적 거리로 인해 한국인 여행객이 별로 많지 않았다. 1991년에 아파르트헤이트제도가 폐지되고 항공편도 좋아져, 여행사들이 패키지 투어를 경쟁하듯 내놓고 있어 여행객이 늘어나고 있는 추세이다.

남아프리카 최대의 도시인 요하네스버그가 급성장한 것은 1886년 금맥이 발견되면서 일확천금을 노린 이민이 흘러들어 왔기 때문이다.

아프리카 대륙 최남단에 위치한 남아프리카 공화국 (Republic South Africa)의 남쪽은 인도양과 대서양, 북쪽은 모잠비크 · 스와질란드 · 짐바브웨 · 보츠와나 · 나미비아와 국경을 접하고 있다. 전국토의 면적은 1,221만㎢로 한반도의 5.5배 정도 되는 변화무쌍한 지형을 가지고 있는 나라이다.

남아공의 인구는 4,200만 명으로 약 16%의 백인이 84%의 비백인 (非白人)을 정치적 · 경제적 · 사회적으로 인종차별 정책을 써 오며 통치해 왔다. 1994년 최초 흑백 다인종 자유 총선거를 실시 ANC (아프리카 민족회의)가 63%의 지지로 승리하여 320년간의 인종 차별에 대한 백인 정권이 종말을 고하고 1994년 5월 10일 ANC 만델라 의장을 대통령으로 하는 흑인 다수 정부가 수립되었다.

신정부는 급진적 개혁보다 화합을 추진, 흑백 공동사회 건설의 온건 개혁 이후 아프리카의 지도국으로서 적극적인 역할 수행 중이다.

1. 수도 - 행정 - Pretoria, 입법 - Cape town, 사법 - Bloemfontein
2. 시차 - 한국보다 7시간 느리다
3. 화폐 - RAND
4. 언어 - 영어와 아프리칸스 9개 흑인 부족어
5. 종교 - 개신교 (66%), 카톨릭 (9%), 그 외 전통신앙, 힌두교, 유대교, 이슬람교가 소수를 이룬다

아프리카 최대 규모인 "빅토바터슬랜드" (하얀 물의 산맥)에서 금을 찾기 위해 전 세계에서 이곳으로 모여들었다.

남아공의 상공업 및 교통 중심지로 경제활동이 왕성한 중추역할을 하는 요하네스버그는 금과 다이아몬드 등의 천연자원이 풍부한 도시이다. 오늘날 각국의 무역상들이 많이 상주해 있는 요하네스버그는 세

계에서 가장 변화가 심한 현대도시로 인구는 600만 명 정도가 살고 있
다. 급격한 인구 증가와 이민의 유출입 등을 거쳐 지금 이 거리는 다시
한번 커다란 전기를 맞이하고 있다.

　백인들은 다운타운에서 흑인들에게 쫓겨나듯 교외로 옮겨 새로운
타운을 건설하였다. 치안 악화로 백인계를 중심으로 한 이민의 대부분
과 남아공을 대표하는 대자본 회사가 교외로 거점을 옮기면서, 도시
기능이 교외로 옮겨졌기 때문이다. 또 위험을 두려워하는 외국 자본도
교외로 이동하기 때문에 레스토랑과 클럽의 불빛이 꺼져가고, 예전에
번화했던 다운타운도 밤에는 유령의 도시로 변해가고 있다.

　오전에 잠시 휴식을 취하고 시내 투어 길에 나서는데 택시 잡기가
무척 어려워 12인승 시내버스를 타고 요하네스버그 다운타운에 도착
하였다. 그러나 버스에서 내리면서부터 불안한 분위기를 느낄 수 있었

다. 백인이 지배하던 시절의 요하네스버그 다운타운의 그 화려했던 명성은 찾아볼 수가 없었다.

흑인이 장악한 다운타운 거리는 높은 빌딩들이 불량배와 노숙자들의 합숙소처럼 사용되고 있었다. 빌딩은 유리창이 거의 파손되었고 벽에다 오물을 발라 놓아 흉물로 변해 을씨년스럽기까지 했다.

백인정권 하에서 흑인들은 오후 5시가 되면 다운타운에서 무조건 나가야 했다. 그러나 지금은 단 한 사람의 백인도 보이지 않고 불량배처럼 보이는 흑인들만 넘쳐나고 있다. 나이프를 손에 든 청소년 불량배들이 삼삼오오 무리를 지어 지나가는 이방인을 노려보고 있다. "세계에서 가장 위험한 도시"라는 요하네스버그 다운타운의 거리를 홀로 걷기에는 위험 부담이 큰 것 같다.

버스에서 만난 흑인 친구의 말에 의하면 밤에는 위험하기 때문에 자기들도 이곳에 나오지 않는다고 한다. 지금은 범죄의 도시라는 낙인이 찍혀 버렸지만 그래도 골드러시 시대의 꿈을 찾아서 새로운 기회를 잡으려는 사람들로 북적대고 있다.

거리의 상징탑인 "칼텐 센터"(Carlton Centre) 전망대에 올라 요하네스버그를 한눈에 바라보니 시가지는 전망대를 중심으로 동서로 펼쳐지고 있다. 거리를 건너다보면 주변에 몇 개의 모래색의 산이 보인다. 요하네스버그 발전을 지탱해온 금광석 발굴을 위해 대량의 흙을 쌓아 만든 "골드 리프 시티"라고 불리는 역사를 상징하는 일종의 인공 구조물이다.

이방인 혼자 다운타운에서 오래 머물기에는 흑인들의 눈빛이 심상치 않아, 요하네스버그 중심가에서 남쪽으로 6km 지점에 위치해 있는

"골드 리프 시티" (Gold Reaf City)를 운행하는 투어버스에 올랐다. 금광촌의 역사를 보여주는 남아공 개척시대의 옛날 마을 모습을 재현해 놓은 곳이다.

이곳에서는 금괴 만드는 과정을 보려고 안전모를 쓰고 200m 밑 지하갱도까지 내려가 구경을 하였다. 이곳에 최초로 금광을 발견한 조지 해리슨을 기리기 위한 '환희의 동상' 도 세워져 있다.

최근에 요하네스버그를 찾는 관광객 대부분이 다운타운에서 북쪽으로 11km 떨어진 "샌턴 시티" (Sandton City)와 "로즈뱅크 몰" (Rosebank Mall)로 몰리고 있다. 현지의 백인들도 다운타운을 벗어나 교외 샌턴 시티로 옮겨오면서 신흥도시가 생동감이 넘쳐흐르고 치안 상태도 비교적 안정되어 보였다.

"샌턴 스퀘어 쇼핑 센터" (Sandton Square Shopping Centre)를 중심으로 고급 호텔과 빌딩이 예술적으로 조화를 이루어 거리가 아름답고 깨끗한 느낌을 주고 있다. 쇼핑센터의 규모가 우리나라 롯데백화점의 8배 크기로 한번 둘러보는데 하루 종일 걸린다고 한다. 쇼핑객도 주로 백인과 관광객이며 흑인은 이곳에서 찾아보기 힘들었다. 상품의 가격도 우리나라 백화점 보다 약간 비싸게 느껴진다.

DATE 스물일곱번째날

오전 10시에 케이프 타운 (Cape Town)으로 출발하는 비행시간에 맞추어 아침부터 서둘러 요하네스버그 공항으로 나갔다. 항공기는 2시간을 비행한 끝에 남아프리카 공화국의 남서쪽에 자리 잡고 있는 케이프 타운에 도착하였다.

이번 아프리카 여행을 떠나기 전에 케이프 타운에 머물 동안 묵을 기숙사를 소개받았던 헬드버그 신학대학의 기사 가이드가 공항까지 승용차를 가지고 나와 기다리고 있었다.

케이프 타운 시내에서 30분 거리에 있는 헬드버그 신학대학은 한국의 삼육대학과 같은 재단이란다. 캠퍼스 내에는 초등학교에서 대학교까지 있으며, 한국에서 온 3명의 유학생이 현재 헬드버그 대학에서 어학연수를 받고 있었다.

케냐에서 왔다는 톰슨은 목사가 되기 위하여 현재 헬드버그 신학대

케이프 타운 시내

학에서 공부하면서, 대학의 운전기사로 일하고 있었다. 케이프 타운을 여행하는 동안 톰슨이 자기 차로 교통 편의를 제공해 주고 가이드 역할까지 해주기로 하였다.

오후에는 톰슨의 안내를 받아 테이블 마운틴과 케이프 타운 시내 관광 길에 나섰다.

남아공을 방문하는 여행자들이 빼놓지 않고 둘러보는 코스는 세계의 해안선 중에서 가장 아름답다고 하는 "케이프 반도"이다. 반도는 케이프 타운을 중심으로 "테이블 마운틴" 그리고 남단의 끝자락에 "희망봉"이 있다.

케이프 타운은 남아공에서 요하네스버그 다음의 대도시로 공화국 의회가 있는 입법상의 수도이다. 1652년 네덜란드 동인도회사의 보급 기지로 건설한 것이 케이프 타운의 시초인데, 남아공의 발상지로서 "마더 시티"라고도 부른다.

테이블 마운틴 기슭에 자리 잡은 케이프 타운은 그들의 역사를 보여주는 건축물과 박물관, 근대적인 고층빌딩, 상점, 공원 등이 서로 어울려 다양한 모습을 보여주고 있다. 항구 주변에는 수많은 여객선과 어선이 정박하고 있으며, 19세기의 건물을 새로 단장한 쇼핑센터와 호텔, 노상 음식점 등이 즐비하여 새로운 관광 명소로 자리 잡고 있다.

케이프 타운 시내 뒤편에 우뚝 솟아있는 해발 1,086m의 "테이블 마운틴"(Table Mountain)은 케이프 타운의 상징물이라 할 수 있다. 테이블 마운틴을 올라가기 위하여 매표소에 들러 티켓을 95랜드(USD1=8.5Land)주고 구입하여 케이블카를 타고 산정에 올라갔다.

정상은 테이블처럼 평평하여 테이블 마운틴이라 하고, 바위 모양들

케이프 타운 테이블 마운틴

케이프 타운 테이블 마운틴의 라이온헤드

이 온갖 동물의 형상을 연출해 내고 있는 바위산이다.

테이블 마운틴 정상에는 레스토랑과 기념품 가게 및 전망대가 있는데 정상에서 케이프 타운 시가지를 내려다보면 해안을 따라 깨끗이 잘 단장된 빌딩들이 손에 잡힐 듯이 높이 솟아올라 있다. 끝없이 넓은 대서양과 인도양이 호수처럼 케이프 타운을 감싸 안고 돌아가는 풍경이 평화롭게 보인다.

산정은 3km에 이르는 평평한 지대로 어림잡아 축구 경기장을 10개 정도는 건설할 만한 면적으로 국립공원으로 지정되어 있다. "실버 트리"(Silver Tree)를 비롯한 3,000여 종의 각종 야생 희귀식물이 자라며, 사슴 및 사향고양이, 케이프망구스 같은 동물들이 서식하고 있다.

잘 닦여진 산책로를 따라 가다보면 습한 해양성 기류에 의해 형성된 거대한 호수도 볼 수 있고, 멀리 눈에 들어오는 케이프 타운의 아름다운 전경을 바라보노라면 감탄사를 연발하지 않을 수 없다.

날씨가 쾌청하여 동서남북 인도양과 대서양까지 아우르는 케이프 타운의 경치도 좋았지만, 잘 보존된 자연환경과의 조화가 더 아름답게 느껴졌다. 시간적인 여유만 있다면 한 달 동안의 여행에 지친 여독을 이곳에서 풀면 얼마나 좋을까 생각하면서 케이블카를 타고 케이블 마운틴을 내려왔다.

케이프 타운 중앙에는 "워터 프런트"(Water Front)라는 대형 쇼핑센터가 위치하고 있다. 빅토리아 워프 쇼핑 센터를 지나서 알프레드 선착장 쪽으로 가면 나타나는 이곳은 40여 개의 음식점과 호프집이 밀집된 여행자들의 휴식처로서 특급호텔을 비롯하여 각국의 음식을 맛볼 수 있는 다양한 레스토랑과 커피숍, 인포메이션 센터, 우체국, 은행, 영화관, 서점 그리고 다양한 상점 등이 위치한 케이프 타운의 최대 쇼핑 공간이다.

옥외에 마련된 선 테이블에 앉아 석양에 붉게 물이 든 테이블 마운틴을 바라보면서 식사에 곁들인 시원한 생맥주 한 잔을 마시는 즐거움도 매우 낭만적이다. 이곳은 세계 각 국의 여행자들로 시끌벅적 붐비고 있어 인종시장을 방불케 하였다.

어둠이 깔리면서 테이블 마운틴에 자연을 그대로 살린 조명 빛이 보는 사람으로 하여금 황홀한 신비감에 빠져들게 만들었다.

항구는 환락의 밤으로 곳곳에서 사랑을 만들어 가는 속삭임과 각종 묘기를 선보이는 공연도 눈에 띄었다.

톰슨의 안내로 테이블 마운틴 맞은 편 산정까지 자동차로 올라갔다. 이곳은 케이프 타운과 테이블 마운틴의 야경을 조망하기에 아주 좋은 장소였다. 포인트에서 바라보면 케이프 타운은 완전히 오색등 속에 파묻혀 불타오르고, 테이블 마운틴의 장엄하고 엄숙한 실루엣은 무거운 신비감으로 다가온다.

밤 10시가 다 되어 숙소인 헬드버그 신학대학 기숙사로 돌아오는 길에 만나게 된 시내 외곽에 둥지를 틀고 길게 늘어선 흑인 빈민촌은 내 마음을 심란하게 만들었다.

DATE 스물여덟번째날

오늘은 이번 여행의 종착점인 아프리카 대륙의 최남단에 위치한 "희망봉"(Cape of Good Hope)을 찾아 떠났다. 케이프 타운 시내에서 남쪽으로 약 70km 지점에 희망봉이 있다.

그러나 희망봉에서 동남쪽으로 150km 떨어진 "아굴라스곶"(Cape Agulhas)이 최남단이다. 희망봉이 너무 유명한데다 많은 동식물이 서식하는 자연 보호구역이어서 대부분의 여행자들이 이곳을 찾는다.

과거 동서양을 왕래하던 범선들이 거친 항로 때문에 많이 좌초되어 침몰했던 지역이란다. 희망봉에는 서쪽의 대서양과 동쪽의 인도양이

희망봉

서로 마주보고 나누어져 있어 이 지점에는 바람이 세고 조류가 매우 세차서 이 지역을 항해하던 선박들이 이 위험한 지역을 무사히 통과하기를 염원하는 마음에서 희망봉이라는 이름이 붙여졌다는 일화가 있다.

　1488년 포르투갈인 "디아스"가 아프리카 대륙 케이프 반도 남쪽 끝자락의 "케이프 포인트"(곶)를 발견하고, 포르투갈로 되돌아가는 항로를 찾아냈다. 이 지역은 "폭풍의 곶"이라 하다가 후에 "희망의 곶" 희망봉이라 불렀다.

　톰슨의 부인이 준비해준 도시락과 과일, 오렌지주스를 작은 배낭에 넣고 들뜬 기분으로 승용차 운전석 옆자리에 앉아 출발하였다.

　반도의 해안선을 따라 잘 포장된 도로를 질주하다 보면 평화로운 해

해변의 갈매기 떼

변에는 영화 속에서나 볼 수 있는 유원지와 호화로운 별장 지대가 끝없이 이어지고 있다.

한쪽에서는 어부들이 바다에 쳐놓은 멸치잡이 그물을 끌어와 손질하고 있고, 갈매기 떼는 모래사장을 독차지하고 있다. 바위가 많아 일광욕이나 다이빙하기에 적합한 이곳 해변에는 유럽에서 몰려온 젊은이들이 어김없이 자리를 차지하고 있다.

케이프 타운을 떠나 해안선 주변의 아름다운 풍경을 감상하며 산허리를 돌아 2시간 만에 희망봉 주차장에 도착하였다. 희망봉 진입로 입구에 "Cape Point"라고 선명하게 쓰인 표지판을 배경으로 사진을 몇 장 찍었다.

이곳에서부터 4m 넓이의 잘 닦여진 나무판 계단식 산책로를 따라 1km 정도를 오른쪽 해안을 끼고 오르니 말로만 듣던 희망봉 정상이 바로 거기에 있었다.

산에는 선인장과 이름을 알 수 없는 꽃들이 지천으로 피어 있어 피로를 씻어주는 듯 했다. 희망봉 정상에는 돔 형태의 등대가 설치되어 있고 그 중앙에 큼직한 둥그런 바위가 놓여 있는데 여행자들이 여기저

기 자신의 이름을 새겨 놓
았다.

　나는 이곳 전망대에서
끝없이 펼쳐진 망망대해를
바라보면서 감탄사만 연발할
뿐이다. 눈이 시릴 정도로 파란 바
다를 보면서 자연에 대한 경외심을 떨칠
수가 없었고 이런 여행을 할 수 있다는 사실에 대해 끝없이 감사드렸다.

　나는 이 순간에 가슴이 뭉클하고 뜨거워짐을 느낀다. 살아가면서 과
연 이런 기회를 몇 번이나 만날 수 있을까? 순간순간의 모든 것들이 나
에게는 소중한 기억으로 간직될 것이다.

　희망봉 전망대에서 500m 정도 아래로 굽이굽이 능선을 따라 내려가
면 작은 등대가 설치되어 있다. 대부분의 여행자들은 정상까지만 왔다
가 하산하지만 나는 인도양과 대서양의 분기점이 되는 바로 그 현장의
끝자락에 서서 감개무량함을 맛보고 싶었던 것이다.

　그러나 그 어디에도 인간이 만들어 놓은 경계는 없었다. 그것은 자
연이라는 엄연한 실체에 대해 사람들이 지어낸 허구의 관계명사일 뿐
이었다. 자연은 언제나 하나이고자 하는데 사람들은 부질없는 일인 줄
알면서 왜 자꾸만 나누려 하는지 ….

　희망봉의 감동을 뒤로 하고 내려오는 길에 남극의 세종 연구 단지처
럼 숙소로 사용되는 몇 동의 건물 앞을 지나 오후 1시경에 매표소 옆
주차장으로 내려와 준비해온 점심을 먹으려니 원숭이 2마리가 어슬렁
거리며 다가온다. 녀석들은 음식을 보면 공격하는 습성이 있다는 말을

희망봉

들었다. 애써 못 본 척 시선을 피해 보지만 독수리, 다람쥐, 도마뱀까지 모여들었다.

점심이라고 해야 쨈을 바른 토스트 몇 장과 바나나 한 개가 전부이다. 허기진 배에 나 한 사람에게도 부족하지만 원숭이한테는 안 주고는 못 배길 것 같아 나누어 먹었다.

잠시 휴식을 취한 뒤 희망봉에서 케이프 타운으로 돌아오는 길에 "볼더스 비치"(Boulders Beach) 펭귄 서식지를 가 보기로 했다. 사이먼스 타운 중심부에서 걸어서 20분이면 갈 수 있는 곳에 작은 볼더스 비치가 자리 잡고 있다.

비치 주위가 바위로 둘러싸여 있어 바람의 영향을 별로 받지 않아 파도가 거의 없다. 그래서인지 스노쿨링을 즐기고 있는 사람도 많이 보인다. 자연 환경을 잘 살려 해안 주변을 관광지로 개발하여 호텔이

나 그림 같은 별장 등이 커다란 관광단지를 이루고 있다.

백사장과 바위 위에는 수 백 마리의 자카트 펭귄이 배를 깔고 한가로이 휴식을 즐기고 있다. 자연 상태에서 펭귄이 무리를 이루고 있는 모습은 동물원에서 볼 때와는 전혀 다른 느낌을 주고 있다.

사람이 접근해도 별로 무서워하지 않아 가까운 곳에서 관찰할 수 있다. 1m 높이로 나무를 이용해 만들어 놓은 야트막한 다리가 있어 관광객이 그 길을 따라 걸으며 펭귄이 서식하는 모습을 볼 수 있도록 꾸며져 있다.

여기저기 알을 품고 있는 펭귄이 숨을 죽이고 있는 모습을 사람들이 호기심 반 걱정 반으로 바라보고 있다.

해안선 일주 코스 주변으로 깎아 세운 듯한 절벽과 완만한 모래 언

펭귄 서식지

덕, 희귀한 동식물, 아름다운 항구도시 등 변화무쌍한 경치를 보면서 케이프 타운으로 돌아왔다.

"로빈 아일랜드"(Robin Island)는 케이프 타운 워터프론트 선착장에서 뱃길로 30분이면 갈 수 있다고 해서 "페리호"에 몸을 실었다.

"넬슨 만델라" 전 대통령이 인종차별에 맞서다 투옥되어 1990년도에 석방될 때까지 27년간의 복역 중 18년간 수감되었던 감옥이 거기에 있다. 바다 한 가운데 위치한 이 감옥은 육지와 먼 거리에 있고 상어들의 공격으로 탈출이 불가능한 최대의 고립지역으로 정치수용소로 유명하다.

일반인들의 출입을 통제하였으나 만델라의 석방과 민족회의 승리 후 1996년 10월 4일 남아프리카 정부는 이 감옥을 국립 유적지나 국립공원으로 관리하기로 발표했고, 1997년 1월에 사적지로 지정하였다.

이러한 사연 때문에 로빈 섬은 흑인들에게는 일종의 성지로 여겨지는 곳이다. 이 섬은 육지에서 12km 떨어진 곳에 있으며 과거 흑백 인종차별이 심할 때 지어 놓은 감옥이 그대로 남아 있었다. 그런 이유로 여기를 찾는 관광객의 대부분이 흑인들이다.

감옥 안에는 과거 만델라 전 대통령이 수감 시절에 썼던 침대와 매트리스, 모포가 전시되어 있다.

 남아프리카 공화국 비자

30일 동안 비자 없이 체류 가능하다.

이런 것을 역사의 아이러니라고 하는가? 지난 날 사람들과 격리시키기 위해 지어 놓은 감옥이 지금은 거꾸로 사람들을 불러 모으고 있는 것이다.

최근에 "로빈 섬 감옥"이 "자유의 기념관"으로 지정되었다. 흑인 안내원은 이곳을 방문한 관광객들을 모아 놓고, 꺾을 수 없었던 자유와 희망에 대하여 역설하고 있다. 마치 자신이 작은 만델라인 것처럼.

이제 이곳은 케이프 반도의 관광명소로 자리 잡아 타조와 펭귄들이 이 섬을 지키며 관광객을 맞이하고 있다. 사람의 손길이 미치지 않은 채 자연 그대로의 아름다움을 고스란히 간직하고 있는 것이 로빈 섬의 또 다른 매력이다.

로빈 섬에서 과거 흑백 갈등의 현장을 둘러보고 다시 케이프 타운으로 향했다. 로빈 섬에서 돌아오는 배 안에서 바라본 케이프 타운과 테이블 마운틴은 그 전의 광경과는 또 다른 감동을 느끼게 하였다.

워터프런트 선착장에 있는 레스토랑의 야외 테이블에 앉아 저녁 식사를 하였다. 여기에서는 "랍스타"라고 하는 바닷가재와 좌판에 진열되어 있는 생선을 고른 후 그것을 다시 주방으로 보내서 요리를 만들어 오게 하는 시스템으로 운영되고 있었다.

3명이 실컷 먹고 나니 우리 돈으로 8만원 정도 계산이 나왔다. 배낭여행자로서는 결코 적은 돈이 아니지만 한 달 동안 부실한 식사로 굶주렸던 위장을 위한 봉사라 생각하고 위안을 삼았다.

식사가 끝난 후 아프리카의 마지막 밤이 못내 아쉬워 선착장 주변을 배회하다가 숙소인 헬드버그 신학대학 기숙사로 돌아와 이번 여행의 의미를 정리해 보았다.

아프리카의 강렬한 태양 아래 폭염이 온몸을 휘감아 손바닥만한 그늘도 아쉬운 검은 대륙 케냐에서는 아프리카의 다양한 모습을 만날 수가 있었다. 특히 나이로비 빈민촌과 마사이족 마을을 방문하여 현대문명의 그늘에 가려진 삶의 현장에서 마음은 아프지만 여행자로 돌아올 수밖에 없었던 기억이 미안함과 아쉬움으로 남는다.

탄자니아에서 가장 장대한 국립공원 세렝게티와 환상적인 웅고롱고로 분화구 사파리의 살아있는 동물의 세계, 아프리카 최고봉인 만년설 킬리만자로 우후루봉 정상에 올랐던 일 등은 벅차오르는 감격 속에 영원히 간직하게 되었다.

국토의 20%가 호수로 이루어진 나라 말라위의 이라라호 2박 3일의 여정은 꿈같은 호수 여행이었다. 거대한 호수를 생활의 터전으로 삼고 살아가는 이들의 모습에서 인간과 자연이 넉넉히 하나됨을 볼 수 있었다.

모잠비크를 거쳐 짐바브웨에서는 현대문명과 빅토리아 폭포의 원시적인 모습이 자연스럽게 공존하는 아프리카의 새로운 모습을 보았다.

남아프리카의 수도 요하네스버그를 거쳐 케이프 반도의 최남단 희망봉 끝자락에서 한없이 펼쳐진 바다를 바라보며 인도양과 대서양의 만남의 현장에서 자신을 되돌아본 순간도 결코 잊을 수 없다.

아프리카를 돌아보는데 한 달의 일정은 너무 짧았다. 아프리카의 사람들은 비록 걸친 옷은 남루하고 신발은 신지 않았지만 마음까지 가난한 것은 아니었다. 언제나 밝은 표정에 많이 웃어주고 많은 얘기를 나누고 싶어 하는 그들을 대하면서 잊고 살았던 인간의 한 부분을 찾은 것 같았다.

비록 우리가 모르는 곳이라 하더라도 사람들은 제 나름의 방식대로 살아가고 있었고, 피부색이 달라도 가슴을 열고 눈높이를 맞추면 그들 모두가 우리의 이웃이었다.

　그동안 나는 아프리카에 대한 많은 편견을 가지고 있었다. 이번 여행을 통해 오랜 편견의 벽을 헐어 버리고 그들이 지구촌 가족으로 우리와 더불어 살아갈 수 있는 좋은 친구임을 확인할 수 있게 된 것을 큰 수확으로 삼고 싶다.

DATE 스물아홉번째날, 서른번째날

　오전 9시에 헬드버그 신학대학 기숙사 사감에게 고마움의 인사를 표하고 톰슨의 자동차로 케이프 타운 공항까지 이동하였다. 13시 50분에 이륙한 비행기는 요하네스버그 공항에 15시 50분이 되어 도착하였다. 요하네스버그 공항에서 홍콩으로 가는 비행기를 타기 위해 이곳저곳 둘러보며 시간을 보냈다.

　17시 20분에 요하네스버그를 출발한 남아공의 SA기는 밤을 새워 19시간을 비행한 끝에 다음 날 12시 30분에 홍콩 "첸랍콕" 국제공항에 도착하였다.

　14시 5분에 인천공항으로 출발하는 비행기를 타기 위해 3시간 30분 동안 공항 면세구역을 배회하면서 지루하게 시간을 보내다 마침내 정시에 홍콩을 출발해 인천공항에는 오후 6시 30분에 도착하였다.

　공항 리무진버스와 전철을 이용하여 21시 30분에 집에 도착함으로써 한 달간의 긴 여정을 마무리하고 사랑하는 가족의 품으로 돌아왔다.

환상과 신비로움이 가득한
인도를 찾아서

　　우리나라와 인도의 관계는 전설의 시대에까지 거슬러 올라간다. 삼국유사에 보면 김해 가야의 김수로왕의 부인이 인도의 아요디아 출신의 허황옥이라 기록되어 있고 지금도 김수로 왕릉에 가면 허황옥이 배에 싣고 왔다는 파사석탑도 남아 있다.

　　삼국유사의 이 기사의 진실여부에 대해서는 지금도 논란이 있지만 우리 나라의 역사책에 인도가 등장한 것은 이 때가 최초였다.

　　인도는 5,000년의 역사와 더불어 풍부한 문화유산을 보유하고 있는 세계 굴지의 관광자원국이다. 바라나시와 카쥬라호의 힌두 유적지, 부다가야와 아잔타의 불교 유적지, 델리와 아그라의 이슬람 유적지 등이 유명하다.

　　그럼에도 불구하고 인도는 선뜻 여행을 하겠다고 나서기가 힘든 곳이다. 인도를 처음 방문하면 그 혼란함과 불결함에 넋을 잃게 된다. 공항 건물에 들어서면 말로 표현하기 힘든 불쾌한 냄새가 코를 찌른다. 오지를 여행하는 것을 즐기는 사람이 아니라면 여행하는 데 많은 어려움이 따르는 것이 사실이다.

　　인도의 유아 사망률은 1,000명 당 96명이니 10명 당 1명 꼴로 3세 이

하에 대부분 영양실조로 죽는다. 또 인구의 70% 이상이 거주하고 있는 농촌의 대부분의 주택들은 흙바닥에 갈대로 만든 자리 하나 깔고 사는정도로 열악하다. 상수도도 없고 전기도 들어오지 않는 가난한 나라이다.

하지만 인도는 우리에게 또다른 매력을 던져주고 있다. 소를 신성시하기에 소똥까지 신성시하는 나라, 종교 안에서의 삶을 사는 인도인들은 우리가 막연히 알고 있는 것과는 상당한 거리가 있다.

혹자는 인도는 너무 위험하고 가난하고 더럽기 때문에 가고 싶지 않다고 하지만 나는 인도의 타르 사막에서 낙타를 타며 별을 보고, 네팔에서는 히말라야의 안나푸르나봉를 향하여 2박 3일의 트레킹을 하고, 다시 인도의 암리차르로 돌아와 시크교의 총 본산인 황금사원을 돌아보는 등 다양한 문화와 언어, 종교 문화가 어우러져 있는 마술과 같은 나라인 인도 여행에 나의 1달을 투자하기로 하였다.

인도

인 도

우리 일행은 인천공항 국제선 청사에서 11시에 만나기로 되어 있었다. 이번 여행은 인도 (India) 배낭여행 전문 여행사의 주선으로 15명이 같이 떠나기로 되어 있었다. 만나기로 약속한 11시가 가까워지니 배낭을 짊어진 일행들이 하나둘씩 모여들기 시작하였다. 그들 중 내가 제일 연장자인 것 같았다.

일행은 남자 4명, 여자 11명으로 총 15명인데, 교사 10명, 대학생 3명, 사진작가 1명, 일어번역가 1명으로 구성되어 있었다.

여행 기간 동안 연장자로서, 나로 인해 일행들에게 어떤 부담을 주지 말아야겠다는 각오를 다지면서, 오후 1시에 이륙하는 비행기에 탑승하였다.

인도 현지 시간으로 오후 6시 20분 (소요시간 8시간 50분) 델리 (Delhi) 공항에 도착하여 입국 수속을 마치고 공항 대합실로 나왔다.

그런데 우리를 안내하기 위해 공항에서 기다리기로 한 길잡이가 보이지 않았다.

1시간 이상을 초조하게 서성거리며 기다리고 있는데, 그 때 머리가 너무 길어 여자인지 남자인지를 분간할 수 없는 젊은이가 헐레벌떡 숨을 몰아쉬며 우리 일행을 찾는 표지판을 들고 나타났다.

그때서야 우리 일행은 안도의 한숨을 쉬고 마음의 안정을 되찾았다. 그는 '람자네' (길잡이)라고 자신을 소개하였다. 길잡이는 우리를 태우고 갈 버스가 오는 도중 고장이 나서 늦었다고 미안함을 표시하였다.

공항 대합실 문을 열고 나온 순간 날씨가 후덥지근하고 인도 특유의

인도공화국

인도는 다양성 속에서 조화를 이루고 있는 나라이다.

국토는 서유럽 전체의 크기와 비슷하고 남한 면적의 33배나 된다. 인구는 10억에 달하고 있다.

또한 지방에 따라 판이한 풍토, 다양한 인종 구성, 공용어만도 15종에 이르는 복잡한 언어 분포, 힌두교 회교 등 이질적인 종교의 번성, 격심한 빈부의 격차, 교육의 차이, 수천 년을 내려온 사회 신분제도 등 사회 구성이 다양하다.

그러한 가운데서도 인도인들은 다양성과 이질감을 자연스럽게 수용하고 조화를 이루어가면서 수천 년의 전통을 계승하여왔다.

1. 수도 : 뉴델리
2. 시차 : 한국보다 3시간 30분 늦다
3. 통화 : 루피, 파이사
4. 인종 / 민족 : 아리아인, 드라비다인, 프로토오스트랄 로이드, 네그로이드, 몽골인
5. 언어 : 헌법상 힌디어를 포함한 16개 언어가 공용어로 인정
6. 종교 : 힌두교 (83%), 회교 (12%), 기독교 (2.3%), 시크교 (2%), 불교 (0.8%)

진한 향냄새와 고인 물이 부패한 듯한 역겹고 매캐한 냄새가 서로 어우러져 호흡하기가 곤란하고 눈뜨기도 어려웠다.

우리는 대기하고 있는 고물버스를 타고 1시간 정도 달려서 델리 역 주변에 있는 레스토랑에 도착했다. 그곳에서 인도의 전통 음식인 짜파티에 향료를 발라서 먹고, 짜이 (전통 차)를 곁들여 마신 후 숙소인 'Sweet Dream Hotel' 에 도착하니 이미 밤 11시가 넘어 있었다.

각자 방을 정하고 실내로 들어서니 시설이 엉망이고 욕실은 협소하

여 돌아설 수 조차 없었다. 더운 물이 나오지 않아 샤워도 할 수 없었다. 변기에는 물탱크가 없고 500cc정도 되어 보이는 플라스틱 컵만 하나 덩그러니 놓여 있었다.

긴장도 풀리고 피곤하여 잠자리에 들려고 하였으나 다 낡은 침대라 삐걱거리는 소리가 요란하고 시트커버가 너무 더러워서 도저히 잠을 잘 수가 없을 것 같았다. 할 수 없이 옷을 입은 채 준비해간 침낭 속으로 들어갔다.

그리고는 잠시 이런저런 생각에 잠겨 있었는데, 피곤했음인지 아니면 긴장이 풀렸음인지는 몰라도 어느새 나도 모르게 깊은 잠 속으로 빠져 들었다.

DATE 둘째날, 셋째날

이른 아침인 5시경에 홀로 일어나서 호텔을 나와 주변시장과 뉴 델리 역 (New-Delhi Station)사를 둘러보았다.

역 광장에는 수많은 사람들이 오가고 있었으며 대합실 바닥에는 담요를 둘러쓰고 잠을 자고 있는 노숙자와 주인이 없는 듯한 소, 개, 심지어 돼지까지 같이 지내고 있었다.

숙소로 돌아오는 길에 가게에 들러서 오렌지, 석류, 바나나와 양배추 등을 사서 이것들로 아침식사를 대신하였다.

오후에는 영국이 건설한 계획도시인 뉴델리의 중심이 되는 둥근광장 "코노트 플레이스" (Connaught Place)에서 휴식을 취하면서,

공원에 산책을 나온 인도의 여대생들과 어울려 많은 대화를 나누었다. 디지털 카메라로 사진을 찍어 그 자리에서 바로 보여주니 처음 본 듯 신기해하며 좋아하였다. 또한 가족과 같이 공원에 나온 어린이들과 배드민턴을 하며 즐겁게 시간을 보냈다.

인도인들은 생각보다 아주 순수해서 정감이 갔다. 여행을 떠나기 전에 미지의 인도 친구에게 나누어 줄 선물로 2002년 월드컵 볼펜 50자루와 일회용 가스라이터 30개를 준비하여 갔다. 호감이 가는 인도 친구들에게 선물로 하나씩 주었더니 좋아하였다. 그런 모습을 본 내 마음은 한결 흐뭇하고 뿌듯하였다.

인도의 수도 "델리"(Delhi)는 북부 인도의 현관으로서 New-Delhi와 Old-Delhi로 나누어져 있다. 일찍이 여러 왕조가 흥망했던 고도(古都)로 긴 역사를 가진 도시인데 한국에서는 '뉴델리' 라는 이름이 널리 알려져 있다.

두 개의 도시가 있는 것같이 보이나, 실제로는 하나의 도시로써 잘 조화되고 활기가 넘치는 도시이다.

20세기에 들어와 영국의 인도 지배 본거지가 되었던 뉴델리는 영국의 식민 지배에 대항하던 독립운동의 중심지였다. 오늘날의 델리는 인도의 정치와 문화의 중심지로서 인도의 정신이 있고, 인도의 미래가 태어나며, 인도의 현재를 볼 수 있는 곳이다.

델리

델리

　뉴델리의 중심이 되는 둥근광장 코노트 플레이스 한 가운데 서 있는
나는 앞으로 34일 동안 나의 배낭 속에 인도를 가득 담아가기 위해서
발바닥이 부르트도록 열심히 뛰고 걸어 다닐 것을 다짐하면서 호텔로
돌아왔다.

　우리 일행은 길잡이의 도움을 받아 각자 필요한 만큼 환전했다. 인
도의 화폐 단위를 루피 (Rs)라 하는데 1루피는 우리 돈으로 26원 정도
였다. 미화 100＄는 인도 화폐로 4600Rs를 교환해 주었다. 나는 미화
300＄을 환전하여 복대에 넣어 배꼽 아래 단단히 동여매고 다녔다.

　밤 9시에 델리역을 출발하여 조드푸르 (Jodhpur)를 거쳐 자이살메르

(Jaisalmer)로 가는 열차는 야간 여행이라 2등 침대차 (2nd Class Sleeper)를 예약하였다.

우리 일행은 예약된 열차를 타기 위해 오토릭샤 (오토바이를 개조한 3발 달린 택시)를 탔다. 묘기에 가까운 운전 솜씨에 경탄하면서도 불안한 마음으로 슬로우 슬로우를 외치며 복잡한 시가지를 달려서 델리역에 1시간 정도 일찍 도착하였다.

역 주변은 어디를 가는지 알 수 없는 많은 사람들로 인산인해를 이루고 있었는데, 사람들마다 이불과 함석으로 만들어진 큰 트렁크를 머리에 이고, 양손에는 보따리를 힘겹게 들고 있는 모습이 한국의 역 풍경과는 매우 달랐다.

그들은 이사를 가거나, 아니면 빚을 떼먹고 야반도주를 하는 사람처럼 쪼그리고 앉아서 열차를 기다리고 있어 청승맞기까지 했다. 대합실 안과 플랫폼에는 노숙자와 열차를 기다리는 사람들로 가득하였다. 그들은 시멘트 바닥에 누워 모포를 발끝에서 머리끝까지 뒤집어쓰고 잠을 청하고 있었다. 그 사이로 소들이 먹을 것을 찾아 콧김을 내뿜으면서 바쁘게 움직이고 있었다.

밤 9시에 출발해야 할 열차는 아직도 감감무소식일 뿐만 아니라. 10시가 다 되어 가는데도 연착 사유에 대한 한 마디의 안내 방송도 없다. 그런데도 어느 누구 하나 불평을 하는 사람도 없다.

드디어 10시 30분에 열차가 홈에 도착하여 차내로 들어가니 많은 승객들로 입추의 여지가 없었다. 30kg이상 되는 배낭을 앞뒤로 메고 예약된 좌석을 어렵게 찾아 갔다. 인도인들의 시선이 나에게 집중되어 내 얼굴에 뭐가 묻었나 하고 닦아 보았으나 아무 것도 묻어 나지 않았다.

이들은 이방인에 대한 경계심과 호기심으로 나를 바라본 모양이다.

나는 배낭을 바닥에 내려놓고 침낭과 몇 가지 옷을 꺼내고, 도난방지를 위해 자물쇠를 잠궈서 의자 밑으로 밀어 넣은 후 배낭과 배낭을 쇠사슬로 연결하여 의자 기둥에 감아 자물쇠를 채우고 좌석에 앉았다.

2등 침대차라는 것이 상단에 선반이 있고 아래의 좌석이 하단인데 등받이의 판을 쇠사슬로 매달아서 중간 단을 만들어 2층 선반에 누우면 침대가 되고 침구는 각자 모포나 침낭으로 해결해야 했다.

과거 우리나라의 60~70년대 완행 열차를 연상케 하는 수준이었다.

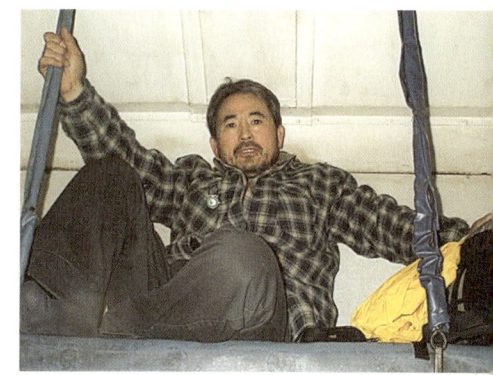

2nd Class Sleeper의 모습

인도인에게 왜 그렇게 많은 짐을 힘들게 가지고 다니는지 물어 보았다. 대답인즉 열차를 이용하는 경우 며칠이 소요될지 모르는 장거리 여행을 해야 하기 때문에 침구와 취사도구를 준비하는 것은 당연한 것 아니냐고 반문한다.

차내에는 땅콩과 기름에 튀긴 때묻은 과자를 광주리에 이고 설처대는 장사꾼들이며, 온갖 형태의 불구자들이 쉬지 않고 통로를 오가며 구걸을 하는가 하면, 어떤 여인은 칭얼대는 어린아이를 안고 와 아이를 가리키며

자이살메르로 가는 기차 내부 모습

도움을 요청하기도 하였다.

이렇듯 인도의 기차여행은 불편하기 짝이 없고 때로는 믿을 수 없을 정도로 절망적이었다. 화장실까지 사람들이 들어차 소변도 볼 수 없는 무질서의 연속이었다.

심야에 달리는 열차라 차창 밖에서 차가운 바람이 허술한 창틀 사이로 뼈 속 깊이 파고 들었다. 준비해간 문풍지용 테이프를 창틀 사이 공간에 붙여 찬바람이 들어오는 것을 막았다.

내일을 위한 휴식을 갖기 위해 상단 층 선반으로 올라가 중요한 소지품을 잘 챙겨 침낭 속으로 들어가 열차 여행을 머릿속에 그려보았다.

인도의 여행을 실감할 수 있는 교통수단은 역시 열차가 으뜸이다. 창 밖으로 펼쳐지는 이국적인 풍경을 접할 수 있을 뿐만 아니라 나름대로의 사연을 가진 사람들로 넘쳐나는 차 안에서는 인도 사람들의 생활상을 그대로 엿볼 수 있기 때문이다.

인도에서 열차는 단순한 이동 수단의 의미를 뛰어넘어 그 자체가 이미 '인도여행' 이라고 말할 수 있을 만큼의 풍부한 체험을 여행자들에게 제공하는 셈이다.

열차에 누워 꿈속으로 달려가고 있는 나는 인도여행에 대한 기대와 설레임으로 마냥 행복하기만 했다. 깊은 잠을 자지는 못했지만 새벽 6시가 되어서 눈을 뜨고 주위를 살펴보니 창 밖은 아직도 어둑어둑하고 안개가 많이 끼어 있었다.

기적소리를 내며 평야를 달리는 열차 안에서 철로 변 들녘에 쭈그리고 앉아 방뇨하는 사람들을 보니 웃음이 절로 나왔다. 인도인들은 90

%이상 자기 집에 화장실이 없어 밖에 나와 적당한 장소에서 볼 일을 본다고 한다. 인도의 화장실 문화는 독특하다. 화장지를 사용하지 않고, 용변 후에 500cc 정도 되는 플라스틱 컵으로 엉덩이에 물을 뿌리고 왼손으로 닦아내면 모든 것이 끝난다.

조드푸르를 가로질러 타르 사막 중앙에 위치한 자이살메르에는 오후 6시경에 도착하였다. 장장 21시간의 긴 열차여행을 마치고 호텔 (Hotel Ratan Palace)에 숙소를 정하고 여장을 풀었다.

넷째날

오늘은 "카멜 사파리" (Camel Safari)를 2박 3일 일정으로 떠나기 위해 6시에 일어나 카메라, 세면도구, 옷가지 등을 챙겨 작은 배낭에 짐을 꾸렸다. 아침식사를 간단히 마친 후 일행들은 두 대의 짚차에 분

선셋 포인트 장관

승하여 마음 설레고 꿈에 부푼 카멜 사파리를 향해 떠났다.

　30분 정도 달려서 짚차가 멈춘 곳은 인도인들의 무덤인 선셋 포인트(Sunset Point) 앞이었다. 도시의 서쪽에 있는 성이 잘 보이는 구릉은 그곳에서 보는 석양의 아름다움 때문에 선셋 포인트라고 불린다.

　힌두교인은 무덤을 만들지 않는 것이 통례이지만 여기에는 귀족들의 무덤에 해당하는 기념비가 늘어서 있다. 남자는 말에 탄 사람으로, 여자는 손의 부조로 상징화되어 있다.

　사막의 석양빛을 받아서 황금색으로 빛나는 성의 원경이 아름다웠다. 아름다움을 배경으로 기념 사진을 찍고, 다시 짚차는 사막을 향해 30분 정도 달렸다. 북인도 서쪽 끝자락 자이살메르 남쪽 50km지점에 도착했는데, 그곳 쿠리마을은 광대한 "타르 사막"(Thar Des)이 끝없이 펼쳐지기 시작하는 지점이었다.

　마을 사람들이 16마리의 낙타를 앞세우고 우리 일행을 기다리고 있었다. 3일 동안 우리 일행을 안내할 낙타몰이꾼을 정하고 자기가 타게 될 낙타 앞으로 다가갔다. 낙타는 모래바닥에 배를 대고 납작 엎드려 있고 등에는 매트를 얹고 그 위에는 때가 많이 묻은 모포를 깔아서 안

장을 만들어 놓았다.

몰이꾼의 도움을 받아 배낭과
소지품을 낙타의 목 부분에 붙들어
매고 올라타니 낙타가 다리를 쭉 펴고
일어난다. 그 순간 내 몸은 2m 상공에서 놀래어
땅으로 굴러 떨어질 뻔했다.

길잡이를 포함한 우리 일행 16명과 몰이꾼 16명, 보급품 운반용 낙
타 달구지 몰이꾼 2명, 이렇게 모두 34명의 일개 소대 낙타 병력이 사
막을 향해 출발하였다.

처음 타보는 낙타라서 한 발 한 발을 뗄 때마다 자세가 익숙하지 못
하여 좌우로 기우뚱기우뚱 흔들려 양다리와 팔에 힘이 잔뜩 들어갔다.
낙타의 고삐를 쥐고 앞서 가던 몰이꾼이 긴장하고 있는 나를 돌아보더
니 불안한 듯 마음을 편안하게 가지라고 일러준다.

평소에 생각했던 사막과 달리 자갈과 모래와 진흙이 섞인 갯벌에 군
데군데 잡초가 있었고, 높이가 3m정도 되며 억센 가시가 붙은 선인장
과 이름 모를 정자나무가 있었다.

사막에서의 식사준비

오전에 3시간 정도 낙타를 타보니 나름대로 요령이 생기고 즐거웠지만 엉덩이와 사타구니는 견딜 수 없을 정도로 아파서 우리 일행들은 일정보다 일찍 휴식 및 점심식사 시간을 갖기로 하였다.

아무 것도 없는 사막에서 나뭇가지를 꺾어 땔감을 마련하고 준비해 온 물로 밥을 하고 감자를 썰어 카레를 만들었다. 밀가루로 반죽을 해서 새까만 손바닥 위에 올려놓고 손가락으로 늘려서 짜파티를 만들어 타고 남은 장작불 위에 프라이팬을 올려놓고 구우니 근사한 탈리가 되었다.

요리를 준비하는 과정을 보면 먹고 싶은 생각이 없겠지만, 모두 시장하던 터라 맛있게 먹고, 정자나무 그늘 아래에서 잠깐의 오수를 즐기었다.

오후의 사파리는 따갑게 내려 쬐이는 태양과 거칠게 부는 모래 바람에 눈을 뜰 수 없었고, 얼굴이 화끈화끈 달아올라 생각보다 힘들었다. 그래서 마스크와 선글라스를 쓰고 타월로 얼굴을 가리니 처음에는 효과가 있는 듯 했으나 조금 있으니 오히려 더 답답했다.

2시간 정도 더 나가니 풀 한 포기, 나무 한 그루, 돌멩이 하나 없이 밀가루를 뿌려서 만든 것처럼 고운 모래 동산이 한없이 펼쳐진다. 우리 일행은 사막 한가운데 자리를 잡고 캠핑 준비를 했다. 텐트가 아닌 매트리스와 낙타 안장을 풀어서 이불을 만들었다.

람자네의 말에 의하면 우리 일행들에게 영원히 기억될 사막에서의 추억을 선물하기 위해 12월 31일에 맞추어 Camel Safari 일정을 잡았다고 했다. 사막에서 1년의 마지막 날을 보냄과 동시에 새해의 첫날을 맞이할 수 있는 환상적인 이벤트성 일정을 준비한 것이다.

저녁식사를 마친 후, 설거지는 모래로 그릇을 닦아낸 다음 때묻은 수건으로 털어내는 것이 끝이다. 설거지에 물은 한 방울도 사용하지 않고 준비해간 물은 식수로만 사용했다. 그릇의 더럽고 깨끗함을 떠나 식후에 마시는 달콤한 짜이 한 잔이 커피 맛보다 훨씬 좋았다.

그리고 기대가 되는 저녁 행사를 위해 주변을 돌아다니며 캠프파이어용 나무를 한 다발씩 주워왔다.

황량한 사막에는 서서히 어둠이 드리워지고, 밤하늘에는 별들이 하나 둘씩 떠오르기 시작하자, 축제의 향연을 준비하는 모닥불을 지피고 그 주위에 둥그렇게 둘러앉았다. 준비해 간 위스키와 탄도리치킨, 케이크, 과일 등 음식을 푸짐하게 꺼내 놓았다.

송년회 및 신년맞이의 의미를 최대화하기 위한 방편으로 각자의 컵에다 위스키를 한 잔씩 따라 높이 들고, 일행들의 권유에 따라 연장자인 내가 '브라보' 를 선창하였다.

앞으로의 여행 일정이 무사하기를 힌두신에게 기원한다며 큰소리로 '브라보' 를 선창하자 일행들 모두가 한 마음이 되어 '브라보' 를

사막 축제

사막의 무용단원 초청 공연

외쳤다. 사막이 진동하는 것 같았다.

술잔이 오가며 정겨운 얘기들이 오가더니 나중에는 노래하고 춤추며 신명나게 노는 가운데 사막의 밤은 점점 깊어만 갔다. 끝없이 펼쳐진 인도의 타르 사막 한 가운데서 새해를 맞이하는 축복을 우리 모두가 누리고 있다고 생각하니 그 감격은 이루 형언할 수 없었다.

타르 사막에는 뛰어난 민속무용과 아름다운 전통 음악이 전해지고 있다. 이슬람교도 악사의 연주는 축제나 연회 등에서 참석자들의 흥을 북돋아주는 역할을 한다.

원래 이들은 척박한 토지에서 살아가는데, 남자들은 결혼하여 곧바로 유목 생활을 하거나 도시로 돈벌이를 나가고, 여자들은 돌아올 기약도 없는 남편을 원망하며 눈물로 지새우기 마련이라고 한다.

악사들은 너무 건조해 풀 한 포기 나지 않는 사막의 지독한 풍토와 그곳에 사는 사람들의 마음을 위로해 주기 위해 축제날에 화려한 장식으로 치장하고 연주한다.

여인들은 사막의 집시로 선셋 포인트 (Sunset Point) 근처에서 텐트를 치고 생활하는 천민 계급들이다. 수상이나 외국인 귀빈들이 라자스탄을 방문할 때 연회에 불려가 한껏 치장을 하고 음악이나 무용을 선보이기도 했다고 한다.

오늘 밤은 원주민 8명으로 구성된 전통 민속 무용단을 타르 사막 한가운데 초청해서 악사의 연주와 무용수의 현란한 몸 동작에 맞추어 노래하고 춤을 추었다.

배낭 여행자로서 그것도 사막의 한가운데에서 이러한 무용단의 공연을 직접 관람하고 같이 참여하니 정말 한없이 행복하기만 했다.

자정이 되자 100여 발의 폭죽을 쏘아 올렸다. 그 불꽃과 별빛이 한데 어울려 밤하늘을 아름답게 수놓으며 축제는 절정을 향했다.

모두들 행복과 환희에 가득 차서 "Happy new year"라고 신년 축하 인사를 나누며 모닥불을 빙빙 돌았다.

DATE 다섯째 날

새벽 공기의 차가움에 아침 일찍 눈을 떴다. 하늘의 별들이 하나씩 사라져 가고 지평선 끝자락에서 떠오르는 찬란한 태양이 새해를 황금 색으로 물들이고 있다.

사막에서의 아침

이 의미있는 시간에 혼자만
의 시간을 갖고 싶었다. 사막
의 크고 작은 구릉을 넘고 넘
어 30여 분 정도를 걷자 높은 구
릉이 나타났다. 그 위에 홀로 앉아
힘차게 떠오르는 태양을 바라보며 새

자이살메르 오아시스

로운 한 해의 시작 앞에서 지나온 삶을 뒤돌
아보고 미래의 자아를 구상하여 보았다. 나의 이 같은 행위는 마치 경
건한 종교의식의 한 부분 같기까지 했다.

10시에 낙타를 타고 이름을 알 수 없는 조그마한 마을로 들어섰다.
타르 사막의 건조한 공기를 가르고 내리쬐는 강렬한 태양 아래로 선명
한 사리(전통 옷)를 몸에 두른 여인들이 머리에 물동이를 이고 유유히
걸어가는 모습은 사막에 핀 아름다운 꽃을 연상케 하였다.

이 마을은 사막의 한 가운데 있는 오아시스를 중심으로 10여 가구가
모여 살고 있었는데 오래 전부터 형성된 듯하였다. 이곳에서 낙타에게
물을 먹이고 바닥난 물통에 물을 보충하는 동안, 마을을 구경하기 위
해 마을로 들어섰다. 그 순간 많은 아이들이 달려와서 우리 일행을 둘
러 쌓았다.

"니혼진, 곤니찌와"라고 인사를 한다. 한국보다 여행을 먼저 시작한
일본인의 영향 때문인지 동양인을 보면 일본인으로 생각하고 달려드
는 것이다. 내가 아무리 Korean이라고 해도 Korea를 일본의 한 도시
정도로 알아듣는 모양이었다.

마을을 구경하면서 타임머신을 타고 과거로 여행을 온 것이 아닌가

착각할 뻔했다. 그곳은 현대 문명과는 완전히 단절된 세상이었고, 그곳 사람들은 세계가 어떻게 움직이는가 하는 것에는 전혀 무관한 듯 근심 걱정이 없어 보이는 순진하고 행복한 모습이었다. 아마도 외부 세계를 모르기에 더 행복한지도 모르는 일이라고 생각했다.

이방인이 찾아오는 것을 신기해 하며 뒤를 따라다니면서 "원 달러", "원 루피", "초콜릿", "볼펜" 등을 외치며 경쟁을 하듯 손을 벌리는 아이들에게 원 루피씩 나누어 주고 사진도 촬영하니 마냥 즐거워 한다.

햇볕이 잘 드는 양지 바른 곳에는 인생의 황혼기에 접어든 병든 노인이 지나온 인생을 회상하는 듯 몸을 기대어 가쁜 숨을 몰아쉬고 있었다. 참으로 안타까운 모습이었다.

안타까움을 뒤로하고, 우리 일행은 다음 목적지로 향했다.

오전과 오후로 3시간씩 낙타를 타고 한낮에 40℃를 오르내리는 사막을 여행한다는 것이 얼마나 힘든 일인지는 경험하지 않은 사람은 정말 모른다. 내 자신도 낙타를 탄 사막여행은 사진이나 영상 화면을 통해 본 낭만적인 모습이 전부였으니 말이다.

시간이 지나자 온몸이 쑤시고 사타구니가 쓰라리고 아파 오기 시작했다. 일행 중에는 아예 낙타에서 내려 걷는 사람이 속출하였다. 그래도 나는 낙타를 타는 일이 어느 정도 익숙해져 몰이꾼의 도움이 없이 혼자서 낙타를 탔다.

낙타 타기의 즐거운 시간을 보내는 동안 타르 사막에는 석양의 아름다운 노을이 붉게 물들고 있었다. 환상적인 모습의 자연에서 왠지 모를 포근함과 낭만적인 이국의 정취를 느꼈다.

이제 하루를 정리하면서 구릉이 보이는 골짜기 아래 평평하고 넓은 장소를 골라 하룻밤의 보금자리를 준비하였다.

저녁식사로 양고기 파티를 계획하였으나 마을에서 양을 구하지 못하여 양 대신 염소로 바꾸기로 했다. 그런데 염소를 잡을 칼이 없었다. 아쉬운 대로 비상용으로 가지고 다니는 맥가이버 칼로 염소 두 마리를 겨우 잡았다.

전기가 들어오지 않는 어두운 곳이라 손전등으로 전기를 대신해서 염소를 잡아 요리를 해서 먹었다. 식사를 마치고 나니 이미 자정이 지나 있었다.

적막한 사막에서 모닥불을 피워서 그 불에 고기를 구워서 먹는 모습을 상상하기만 해도 낭만적이고 군침이 돌겠지만 사실은 그렇지 못했다. 다들 시장해서 정신 없이 먹기는 먹었지만 모닥불에 구운 염소고기는 마치 가는 모래로 양념을 한 듯 입 안에서 서걱서걱 씹히는 것이 먹기에 여간 거북한 것이 아니었다.

정담을 나누며 위스키를 한 잔씩 돌리는 사이 취기가 오르고 있었다. 웃고 즐기는 가운데 타르 사막의 밤은 깊어만 갔다. 나는 몹시 피곤하고 졸려 자리에서 먼저 일어났다.

배낭을 메고 10분 정도를 걸어 외풍을 피해 아늑한 모래 언덕 밑에 잠자리를 마련하고 옷을 입은 채로 침낭 속으로 들어갔다.

드러누워 쳐다보는 밤하늘에는 구름 한 점 없이 아름다운 별들만

타르 사막의 잠자리

이 마치 수를 놓은 듯 어지러이 비추고 있었다. 주변의 이곳저곳에 흐르는 유성을 보며 나도 모르게 내 어릴 적 노래하던 '별 하나 나 하나'를 읊조리게 되었다. 저 많은 별 중에 내 별도 있겠지 하면서 동화의 나라로 빠져들었다.

온 몸이 춥고 떨려 눈을 떠보니 아직은 어둠이 가시지 않은 시간, 침낭이 이슬에 젖어 축축하였다.

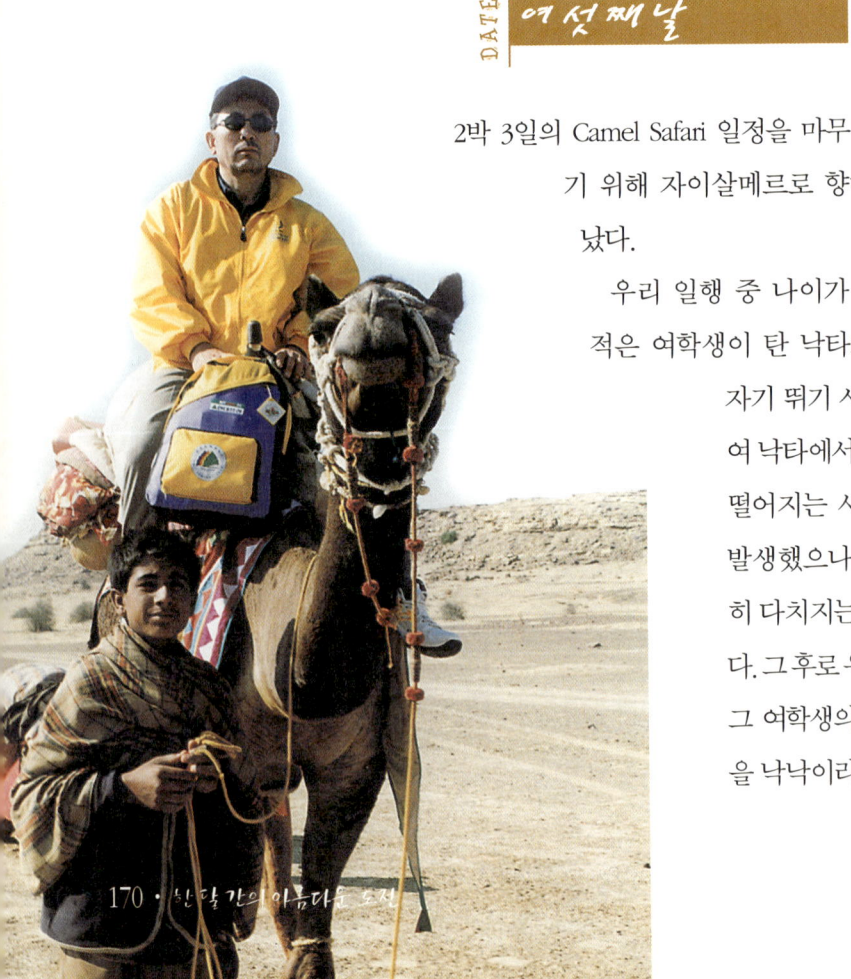

DATE **여섯째날**

2박 3일의 Camel Safari 일정을 마무리 짓기 위해 자이살메르로 향해 떠났다.

우리 일행 중 나이가 가장 적은 여학생이 탄 낙타가 갑자기 뛰기 시작하여 낙타에서 굴러 떨어지는 사고가 발생했으나 다행히 다치지는 않았다. 그후로 우리는 그 여학생의 별명을 낙낙이라고 부르며 놀렸다.

오늘도 낙타 안장에 앉아 있기가 힘든 여자들은 낙타에서 내려 걸어서가고 낙타 몰이꾼이 낙타를 타고 가는, 그야말로 주객이 전도된 경우가 속출하였다.

낙타 여행의 종착지인 쿠리 마을에는 오후 2시쯤 도착하여 그동안 수고해준 낙타 몰이꾼에게 선물과 약간의 성의 표시를 하고 작별하자니 무척 아쉬웠다. 작별 후에 우리를 기다리고 있는 짚차를 타고 1시간 정도 되는 길을 되돌아오며 사막을 바라보았다.

곧게 뻗은 길 이외에는 아무 것도 없지만 그곳에는 새해의 아침을 맞이한 뜻 깊은 추억을 남기고 돌아왔다.

Camel Safari에서 돌아온 나는 Hotel Ratan-palace에 숙소를 정하고 오랜만에 품위있는 저녁식사를 하려고 인근에 있는 근사한 식당을 찾아 나섰다.

높이 76m의 언덕에 우뚝 솟은 성 시타델이 정면으로 바라보이는 전망 좋은 2층 식당에서 먹음직스러운 탄도리치킨과 맥주를 마시며 즐기다가 호텔로 돌아왔다.

DATE 일곱째 날

아침부터 서둘러 그동안 Camel Safari 때문에 들러보지 못한 성 "시타델"(Citadel)로 올라갔다. 황색 사암으로 견고하게 축조된 이 성은 자이살메르의 상징적인 건축물이다. 성 안에는 지금도 많은 사람들이 거주하고 있었는데, 성을 중심으로 발달한 옛 모습이 잘 보존되어 있었다.

Sunrise point에서 일출광경을 카메라에 담았다. 전망대에서 바라본 자이살메르 시내는 온통 재색 빛으로 물들어 있었다. 성 안의 좁은 미로를 따라 이곳저곳을 둘러보던 중 주민들의 살고 있는 모습이 궁금했다.

주인의 허락을 받아 집 안으로 들어서니 아침 식사로 밀가루를 반죽해서 짜파티를 만들어 프라이팬에 굽고 있는 중이었다. 주인 내외가 같이 먹자고 청하였다. 짜파티를 향료에 찍어 몇 장 먹고 짜이 한 잔을 마시는 것으로 조반을 대신했다.

이 집은 4인 가족으로 젊은 부부가 나이 어린 남매를 두고 있었다. 집 구조는 방 하나와 부엌 하나가 전부였다. 방 안에는 가재도구 하나 없이 벽면에는 다양한 신 (神)의 그림이 걸려 있고 힌두교 신상이 놓여 있었다.

흙바닥에는 멍석을 깔았고 때묻은 모포와 옷가지 몇 개가 널려있을 뿐이었다. 부엌에는 석유풍로와 접시 그리고 물 컵 몇 개가 놓여 있었는데, 아마도 이것이 부엌살림의 전부인 듯 싶었다. 인도 서민들의 어려운 생활수준을 짐작할 수 있었다. "자이살메르"가 한창 번영하던 때에는 인구 11만을 자랑하던 도시였으나 지금은 양상이 많이 달라져 있었다.

수에즈운하 개통에 따라 교역의 중심지

자이살메르 가정 방문

시타델 성 전경

에서 벗어나게 되고, 인도와 파키스탄의 분리 독립으로 인해 서쪽 교
역로가 폐쇄되자 예전의 동서 교역로의 오아시스가 오늘날은 변방 도
시로 전락될 수밖에 없었을 것이다.

　이제는 화려한 과거의 꿈만을 간직한 채 사막 속에 잠든 도시로 인
구는 4만에 불과하며 그 모습이 초라하기만 했다.

　관광객들의 발길을 잡아끄는 자이살메르의 매력은 이 도시가 근대
화되지 못했다는 것과는 관계가 없다.

　성 안은 길이 좁고 차가 들어가지 못해 아주 조용하다. 노란 색의 흙
담과 사막의 색깔이 잘 어울리는 가옥들은 창문과 벽면에 레이스 문양
을 아로새겨 아름다움을 자랑하고 있었다.

　100루피를 주고 오토릭샤를 대절하여 라지푸트 귀족들의 저택인

선셋포인트

자이살메르 성

자이살메르 도시 전경

"하베리"(Haveli)와 "박물관", 그리고 매일 아침 여인들이 물을 길러오는 "가디사르 호수"(Gadsisar Tank)를 둘러보았다.

특히 귀족이나 부호들의 저택은 어느 것 할 것 없이 벽면 장식이 황금색으로 아름답게 치장되어 있어 화려함의 극치였다. 박물관은 작고 초라하지만 라자스탄 지방의 화석, 힌두교 신들의 석상, 인형과 민예품 등이 전시되어 있어 볼만하였다.

또한 도시의 남쪽 변두리에서는 물을 가득 담은 커다란 금속단지를 머리에 인 여인들이 배꼽과 허리를 내놓고 엉덩이를 흔들면서 사뿐사뿐 걸어가는 모습을 볼 수 있었는데 매우 아름다운 것이 마치 다른 세계의 사람을 보는 듯하였다.

주위에는 수 천 마리의 야생 물새들이 무리지어 살아가고 있어 사막에서 물의 중요성과 혜택을 실감케 하는 광경이었다.

석양 노을이 질 무렵 30분 정도 걸어 도시에서 가장 가까이 있는 귀족들의 무덤에 해당되는 기념비를 구경하였다. 무덤의 원경이 석양빛을 받아서 황금색 물감을 뿌린 듯 아름다웠다. 이곳을 찾은 관광객들이 Sunset Point를 차지하여 좋은 작품을 카메라에 담기 위해 뜨거운 경쟁을 벌이고 있었다.

자이살메르에서 가장 유명해, 귀족들이 즐겨 찾는다는 Narayan Niwas Palace Hotel을 일행 3명과 같이 저녁식사를 하기 위해 찾아갔다.

자이살메르 식당공연

종업원이 메뉴판을 보여 주는데 뷔페식단으로 가격이 1인당 800루피 (24,000원)였다. 너무 비싸서 돌아 나올까 망설이다가 우리도 오늘만은 귀족이 되어 보기로 했다. 이 호텔 종업원의 월급이 300루피라니 어느 정도인지 짐작이 갈 것이다.

그러나 어떤 음식도 우리들의 입에 맞는 것은 없었다. 훈제통닭 (탄도리치킨) 몇 점 뜯는 것으로 만족하고 옆 홀로 자리를 옮겨 민속공연과 노래를 감상하고 숙소로 돌아왔다.

여덟째날 ~ 열한번째날

다음 목적지인 우다이푸르 (Udaipur)로 가는 기차를 예매하지 못하여 버스를 타기 위하여 로컬버스 (Local Bus) 정류장으로 나갔다.

7시 30분에 출발하는 버스 승차권을 구입하여 버스에 오르니 무거운 배낭을 내려놓을 장소가 없었다. 버스 기사는 지붕 위로 배낭을 올리라고 한다. 차체 뒷부분의 사다리를 이용하여 지붕까지 오르내릴 수 있도록 되어 있었다. 짐꾼이 배낭을 받아서 지붕 위에 올려 놓은 대가로 5루피를 요구하였다.

자이살메르에서 논스톱으로 우다이푸르까지 가는 버스는 없고 조드푸르 (Jodhpur)에서 갈아타야 한다고 했다.

예정된 시간보다 40분쯤 늦게 요란한 엔진소리를 내며 고물 버스가 서서히 움직이기 시작하였다. 버스는 좌석의 공간이 좁아서 마음대로 몸을 움직이기가 곤란하고 정원을 초과하여 100여 명의 승객이 뒤엉

키어 매우 혼잡하였다.

타르 사막을 관통해서 남쪽을 향해 달리는 버스는 시원한 바람을 일으키며 끈적끈적한 땀을 식혀 주고 답답했던 기분을 바꾸어 주었다. 차창 밖으로 보이는 사막의 도로는 가로수가 바람에 휘날리고 그 사이로 원숭이들이 재롱을 부리며 뛰놀고 있었다. 간혹 소들이 달리는 버스를 멈추게 하였다. 이색적이고 아름다운 이 정경 (情景)을 인도가 아니면 어디서 볼 수 있을까?

도로변에는 마을 사람들이 나와서 평상 (平床)에 앉거나 길바닥에 쪼그리고 앉아서 한가롭게 이야기하는 모습을 자주 볼 수 있었다.

인도의 인구가 약10억 정도 되다보니 도시나 농촌 어느 곳을 가더라도 사람이 넘쳐 초만원 상태이다. 그러나 인도를 여행하는 동안 남자들이 땀을 흘리며 일하는 모습을 거의 볼 수가 없었다.

광활한 영토와 인적자원이 풍부한 인도가 오늘날까지도 경제적 후진성을 탈피하지 못하는 이유가 지나친 숙명론 신봉과 부족한 근면성에 있지 않나 하는 생각이 들었다.

중간 경유지인 조드푸르에는 6시간이 소요된 오후 2시쯤 도착해서 밤 10시 30분에 출발하는 우다이푸르행 버스를 예약하고 8시간 동안의 시내 관광에 나섰다.

"조드푸르"는 자이살메르에서 남쪽으로 약 300㎞ 떨어진 광대한 타르 사막 입구에 있는 인구 65만의 도시이다. 1475년에 라지푸트의 마르와르 왕국의 수도로 세워진 이 도시는 길이가 10㎞나 되는 성벽에 둘러싸여 있었다.

바위산 위에 당당히 우뚝 솟아있는 메헤란기르 성의 요새를 중심으

조드푸르의 푸른집

로 황량한 풍경이 펼쳐진다. 이슬람에 항거해 용감히 싸웠던 힌두전사 라지푸트가 지금도 숨어 살고 있는 듯한 마을로 현재는 박물관으로 이용되고 있었다.

도시를 압도하듯 늘어선 성벽에서 보는 경치는 최고이며 뉘엿뉘엿 넘어가는 저녁 노을에 할 말을 잃었다. 또한 교외 언덕 위에 있는 안벨성은 호화롭고 사치스러워 궁전의 방문객을 매료시키기에 충분하였다.

시내 관광을 마치고 휴식을 취하다가 예약된 시간에 맞추어 버스 정류장으로 향했다.

늦은 밤 시간인데도 승객은 초만원을 이루었고 버스 창문들이 하나같이 깨졌거나 창틀에 맞지 않아서 그 사이로 살을 에는 듯한 차가운 바람이 들어왔다. 예비로 준비해간 바지와 잠바를 하나씩 더 입고 담요로 머리와 얼굴을 싸매어 완전무장을 했다.

도로가 군데군데 움푹 꺼져 있어 버스는 덜커덩거리고 운전기사가 빵빵 계속 눌러대는 크락숀 소리에 잠을 청할 수가 없다.

2시간 정도 달리던 버스가 도로변 찻집과 간이음식점이 있는 휴게소 앞에 멈추었다. 승객들은 버스에서 내려 각자 용변을 마치고 간식을 곁들여 따끈따끈한 짜이를 한 잔씩 마시며 모닥불에 추위를 녹였다. 잠시나마 불편함과 피곤함을 잊고 행복에 젖었다.

비록 이처럼 열악한 환경 속의 여행이지만 밤에 버스를 타고 여행하는 이 기분도 나에게는 영원히 잊지 못할 추억으로 남을 것이라 생각하니 힘든 것만은 아니었다.

버스가 "우다이푸르"(Udaipur)에 도착한 시간은 어둠이 채 가시지 않는 다음 날 새벽 5시경이었다. 버스에서 내리자 숙박업소에서 나온 호객꾼과 오토릭샤 기사들이 옷자락을 잡아끌며 서로 좋은 곳으로 안내를 하겠다고 아우성을 친다. 적당히 가격을 흥정하고 오토릭샤를 타고 도착한 곳은 Hotel Lake Star이었다.

인도의 호텔수준은 말이 호텔이지 우리나라의 여인숙보다도 못하다. 그나마 방이 없어 주인 부부가 침실을 내주었다.

너무 피곤하여 샤워도 생략하고 침대로 올라가 창문을 바라보는 순간 나는 소스라치게 놀라지 않을 수 없었다. 창틀 위에 도마뱀이 눈을 깜박거리며 버티고 있는 것이 아닌가? 주인에게 도마뱀을 내쫓아 달라

우다이푸르

우다이푸르 호수의 가트

고 하니 자기 집 가족이며 보배라고 하면서 웃는다. 사람에게는 피해
를 주지 않고 해충인 파리와 모기를 보면 날쌘 동작으로 잡아먹고 살
아가는 유익한 동물이라며 자랑삼아 천연덕스럽게 이야기하였다.

자이푸르에서 남서쪽으로 360㎞ 지점에 위치하고 있는 우다이푸르
는 인구가 약 30만 8천 명 정도 되며, 구자라트주와 경계를 같이하는

조용한 고도이다.

예로부터 라지푸트족 (族)의 명문으로 시소디아가 (家)에서 지배하던 곳이었는데, 지금의 도시는 16세기 중엽 우다이싱 왕이 건설하였다고 한다. 왕은 냇물을 막아서 피쵸라호와 파테사가르호 등의 풍경이 아름다운 인공호수를 많이 만들어 '물의 도시'를 이루었다. 영국이 통치하던 시대부터 번왕국 (藩王國)의 수도로서 번영하였고, 현재도 라자스탄 남부의 상업 중심지로 활기를 띠고 있었다.

호수를 중심으로 번성한 고도 우다이푸르는 사막 속의 오아시스라 불리는데, 이 도시가 갖는 조용함과 윤택함은 모두 호수 덕분이다. 피쵸라호에 떠있는 궁전 레이크 팰리스 (Lake Palace)는 호텔로서 세계 각 국의 귀빈들이나 또는 나와 같은 여행객에게 휴식처를 제공해 주고 있었다.

오늘은 시내관광으로 제일 먼저 궁전 "시티 팰리스" (City Palace)를 찾았다. 시내를 구경하며 조금 걸어서 도착한 구 시가지 서쪽 끝 조금 높은 곳에 우뚝 솟아있는 화강암과 대리석으로 건축된 웅장한 궁전이었다.

수세기 동안 마하라자의 성이었지만 현재는 박물관으로 사용하고 있었다. 박물관 내부는 인도 전역은 물론 널리 페르시아나 유럽에서 수집한 엄청난 양의 가구 장식품과 장인기술의 극치를 발하는 벽면장식이 끝없이 이어져 있었다.

유리와 거울을 아낌없이 사용한 위층 발코니의 공작장식의 아름다움은 넋을 잃을 정도로 휘황찬란하여 보는 이들로 하여금 황홀경에 빠지게 하였다.

우다이푸르 공원

정원수와 잔디가 예술적으로 조화를 이루고 있는 넓은 정원은 정말 아름다웠다.

인도의 각지에서 찾아온 많은 관광객들은 화려한 전통의상을 입고 있어 마치 축제가 벌어지고 있는 듯한 분위기를 느낄 수 있었다.

봄베이에서 왔다는 열 쌍의 의사부부와 자연스럽게 어울려 디지털 카메라로 사진을 찍어서 보여 주니까 신기하다는 표정으로 바라보며 좋아들 하였다. 명함을 주면서 사진을 꼭 보내 달란다. 그들이 준비해 온 음식과 과일을 같이 나누어 먹으며 즐거운 시간을 보내다 아쉬움을 남기고 일어섰다.

나는 여행기간 내내 디지털 카메라 때문에 인기가 높았을 뿐만 아니라 인도인들과 쉽게 가까워질 수 있었으며 여행을 하는데 현지인들로부터 많은 도움을 받을 수 있었다.

인도 어디를 가든지 길바닥에서 쇠똥을 흔하게 볼 수 있는데, 이는 길거리를 어슬렁거리는 소가 많기 때문이다. 아낙네들이 손으로 쇠똥을 동그랗게 뭉쳐서 함지박에 담는 모습을 카메라에 담으려고 했더니 미소를 지으며 포즈를 취해 주고는 5루피를 요구하였다.

강가 가트 주변 공터에서 말렸다가 땔감으로 쓰기도 하고 또는 담을 쌓거나 건물 벽을 바르는데 사용한다고 하였다.

피쵸라호의 수영장 강가루 가트 하

우다이푸르의 한 가족

류 쪽에서 빨래를 하는 여인과 상류에서 목욕을 즐기는 여인들 그리고 옆 가트에서 목욕하는 남자들을 바라보고 있노라니 나무꾼과 선녀에 나오는 남녀의 모습 같았다. 한가롭고 자유스러워 보여 보기에 좋았다.

파테사가르호 동쪽 기슭의 락스미 빌라 호텔에서 10분 정도 걸으면 호수 안에 있는 네루 공원으로 건너가는 승선장이 있었다. 황금색에 검붉은 색이 섞인 듯한 석양의 노을을 바라보며 아름다운 호수를 배로 건너갈 수 있었다.

우다이 몬순 팰리스

피쵸라호 건너편 산 정상에는 마하라나 사젠싱기에 의해 건축된 별장으로서 로맨틱한 밤의 장소로 알려진 "몬순 팰리스"(Monsoon Palace)가 위치하고 있다.

서쪽에는 붉은 석양이, 동쪽에는 피쵸라호와 황금색으로 아름답게 불타오르고 있는 우다이푸르의 전경이 우리 일행들을 황홀경에 빠뜨렸다. 그 모습들을 보면서 숙소로 돌아오는 내내 행복하기만 했다.

우다이 몬순 팰리스

우다이푸르의 3박 4일 일정을 마무리하는 만찬을 위해 시장에서 닭 10마리를 샀다. 마늘과 쌀을 넣고

백숙을 끓여 반주로 위스키를 곁들였다. 주거니 받거니 우정을 다지면서 인도에서의 밤은 깊어만 갔다.

오전 중에는 그동안 가보지 못한 브라만교 사원과 동물원, 시계탑 등을 둘러본 후 휴식을 취하면서 가이드북을 펼쳐놓고 다음 목적지인 아그라 (Agra)편을 읽으며 시간을 보냈다.

지금까지 같이 여행했던 일행 15명중 K양이 이곳 우다이푸르가 좋다면서 일주일 정도 더 쉬었다가 독립해서 여행을 하겠다고 했다. 우리는 K양의 용기를 부러워하며 한편으로는 걱정스러운 마음을 간직한 채, 다음 목적지인 아그라로 출발하기 위하여 시외버스 정류장으로 갔다. 승차권을 예매하고 야간 여행에 필요한 간식을 준비하여 오후 6시 출발하는 버스에 몸을 실었다.

밤이 깊어지면서 창틀 사이로 들어오는 차가운 바람에 심한 한기를 느꼈다. 우리는 2시간 간격으로 도로변 간이휴게소에서 모닥불 피워놓고 짜이 한 잔에 주위를 녹이며 졸음을 쫓았다.

버스는 밤새 달려 17시간만인 다음 날 오전 11시에 아그라에 도착하였다. 사이클릭샤 (자전거로 끄는 인력거)를 타고 20분을 달려 타지마할 (Taj Mahal) 남문에서 50m정도 떨어진 Hotel Raj에 도착하여 여장을 풀었다.

아그라는 델리에서 야무나 강을 따라 약 200km 내려온 곳에 있는 인구 100만 명 정도의 지방 도시이다. 유명한 타지마할이 있는 도시로서 많은 관광객이 모이지만 델리와 비교하면 상당히 차분하고 조용한 듯 하였다.

인도의 대표적 건물 중 하나인 "타지마할" 은 야무나 강변에 세워진 무굴제국의 황제 샤 자한 (Shah Jahan)이 17년의 결혼기간 동안 14명의 아이를 낳고, 15번째의 아이를 낳으려다 1629년에 세상을 떠난 부인 뭄타즈 마할 (Mumtaz Mahal)을 추모하며 만든 무덤이다.

뜨겁게 사랑한 왕비의 죽음을 슬퍼한 샤 자한은 건축광답게 1631년에 무굴제국의 국력을 기울여서 타지마할 건축을 시작하여 22년만인 1653년에 완성하였다고 한다. 이 사랑을 위한 불멸의 금자탑은 이란 출신 우스타드 이샤에 의해 설계되어 터키, 이탈리아, 프랑스 등지에서 차출된 2만여명에 달하는 장인들에 의하여 건설되었다고 한다.

샤 자한은 그 후 야무나 강의 반대쪽 기슭에 검은 대리석으로 자신의 무덤을 건설해서 양쪽을 다리로 연결하려는 계획을 갖고 있었다고 한다. 이슬람의 가르침에 따라 세상의 종말이 오면, 죽은 사람이 무덤에서 나와 알라신의 심판을 받는다고 믿고 있었기 때문이라 한다.

심판의 그 날까지 자손 대대로 안락하게 잠들고 있다가 왕비와 함

타지마할

타지마할

께 낙원으로 갈 것을 꿈꾸었음이 분명하다.

타지마할은 눈부시도록 아름다운 건물도 건물이지만 애틋하고 아름
다운 순애보가 고스란히 녹아 있어서 이곳을 찾는 사람들의 감흥을 더
욱 진하게 하고 있다.

다음 날 오전에 그 웅장함과 아름다움의 실체를 만나기 위해서 타지

마할 남문 출구 매표소에서 입장권을 구입하는데, 인도인에게는 20루피 입장료를 받으면서 외국인에게는 30불을 받고 있었다. 인도의 모든 관광지는 자국민과 외국인에게 다른 기준을 적용하여 입장료를 받고 있었다.

타지마할 전체의 규모를 살펴보면 가로 300m, 세로 580m의 부지에 붉은 사암으로 된 당당한 정문이 있고, 그 왼쪽에 매표소가 있다.

정문의 아치를 빠져나가면 곧바로 정면에는 분수가 있고, 좌우로는 정원을 잘 꾸며 놓았다.

그 정원을 전경으로 해서 사방이 대칭으로 축조된 아름답고, 신비스러운 이 대리석 건물은 기단의 크기는 사방 95m, 본체는 사방 57m, 높이는 67m이며 네 귀퉁이 탑의 높이는 43m라고 한다.

사람이 살기 위한 건물이거나, 신에게 제사 지내기 위한 건물이 아니라 한 남자가 사랑했던, 죽은 한 여자에게 가장 위대한 사랑의 기념비로 바친 하얀 돔의 이 건축물은 낮이면 거대함으로 압도하고, 보름달이 뜨는 밤이면 그 자태의 불가사의한 아름다움으로 환상처럼 다가오도록 설계되었다고 한다.

정문을 들어서자마자 타지마할이 뿌연 안개 속에 멀리 아련하게 비치고 있어 마치 신기루와 같은 모습으로 눈에 들어왔다. 천상에 떠있는 궁전인 듯 하얀 돔을 바라보면서 카메라 셔터를 계속 눌러댔다.

타지마할

11시가 되어서야 안개가 걷히자 마침내 그 웅대하고 장엄한 자태를 뽐내며 모습을 드러냈다. 타지마할은 파란 하늘에 우뚝 솟은 흰 대리석의 거대함으로 나를 압도하기에 충분하였다.

인도의 사원이나 고궁건물 내부를 관람하기 위해서는 반드시 신발을 보관소에 맡기고 맨발로 구경하도록 되어 있었다.

타지마할 내부를 촬영을 하려는 순간 관리요원이 촬영을 못하도록 막는다. 월드컵 볼펜과 일회용 가스라이터를 관리요원에게 선물로 주었더니 오히려 이곳저곳 안내를 해주며 사진 촬영의 좋은 위치를 일러주고 카메라 셔터를 눌러주었다.

아쉬움을 남긴 채 타지마할을 나와서 간단하게 카스테라와 우유 한 잔으로 점심을 때웠다.

오후에는 야무나 강 연안에 있는 무굴 시대의 기르 자한의 왕비였던 누르 자한이 부모를 위하여 건립했다는 "이티마드 우드다울라 묘"를 관람하였다. 작은 건물이지만 잔디밭의 중앙에 자리 잡은 흰 대리석과 푸른 잔디가 잘 조화되어 무척 인상적이었다.

이 묘에 사용된 대리석의 투조 기법은 이후에 타지마할 건축에 많은 영향을 주었다는 설명을 들으면서 오토릭샤로 붉은 사암의 당당한 "아그라 성"(Agra Fort)으로 향하였다.

야무나 강변에 우뚝 솟아있는 이 성은 악바르 대제에 의해서 1565년에 축성되었으며 무굴 제국 권력의 상징이기도 하다.

성 내부로 들어서니 궁전 모스크 (회교사원)가 늘어서 있으며 나무들과 잔디밭 사이로 야생 다람쥐들이 귀엽게 뛰놀고 있었다. 그러나 현세의 권력은 무상한 것인지 샤 자한은 그의 15번째 아들인 아우랑

아그라성의 건축물

젭에 의해 아그라 성에 유폐되어 구부러진 야무나 강의 수면 위에 떠 있는 타지마할을 아련히 바라보면서 74세의 일기로 생을 마감했다.

아그라 성을 나오는 순간 충격적인 장면을 목격하였다. 성 입구에는 온갖 기형의 신체 장애자들이 양쪽으로 도열을 한 듯 서서 관광객들에게 박시시를 요구하고 있었다. 그 중에서도 어려워 보이는 몇 사람에게 동전이 있는 대로 1루피씩 주고 자리를 떠날 수 있었다.

아그라 성 맞은 편 넓은 공설운동장에는 수많은 사람들이 웅성거리고 있었다. 궁금하고 호기심이 발동하여 그쪽으로 발길을 향하였다.

그곳은 '집시' (거지)들이 천막을 치고 생활을 하는 집단 주거지였다. 이들은 나를 보자마자 나를 향하여 떼거리로 달려오고 있었다. 그 순간 나는 신변의 위협을 느끼고 공포에 질려 얼마를 도망치듯 달렸는지 온 몸이 땀에 젖었다.

인도 인구 10억의 50%정도가 박시시를 요구하는 삶이라니 그들의 삶이 안타까웠다.

인도어의 '박시시' 는 사례금 또는 기부라는 의미이나, 실제로는 거지가 적선을 요구할 때 쓰이고 있었다.

내가 인도를 여행하면서 느낀 첫인상이 호객행위와 박시시 요구일 정도로 그들은 온갖 방법과 수단을 동원하여 끈질기고도 집요하게 따라다니며 박시시를 요구하였다. 그들은 상대방의 생각이나 기분은 전혀 고려하지 않는다.

처음에는 주머니에 동전이 생기는 대로 1루피씩 주었으나, 며칠이 지나면서 내 나름대로 횟수와 방법을 정하였다. 내 마음이 내킬 때만 주기로 한 것이다. 날짜가 지나갈수록 박시시를 주는 횟수도 자연스럽

무굴 제국의 권력의 상징 아그라포트

게 줄어 들고 있었다.

　인도의 거지는 박시시를 주어도 고마움의 표시는 절대로 하지 않았다. 오히려 선행을 베풀 기회를 제공해 주어 내세에서 더 좋은 신분으로 태어날 수 있도록 해주었으니 감사를 받아야 한다는 논리였다.

　일행들보다 늦은 시간 숙소에 도착하니 오늘이 L선생의 생일이라고, 케이크와 과일류, 닭튀김, 맥주 등이 푸짐하게 준비되어 있었다. 생일을 축하하는 파티를 오붓하게 갖고 각자 자기 방으로 돌아가서 내일을 위해 꿈나라로 달려갔다.

　식당에서 3개월 동안 아르바이트해서 여행을 떠나왔다는 일본 대학생 후지다를 우연히 레스토랑에서 만났다. 후지다는 3개월 동안 인도와 네팔을 거쳐 유럽을 여행하고 귀국하도록 일정을 짜놓았다고 했다. 나에게 호의를 베풀며 아그라에 있는 동안 같이 여행을 다니자고 제의해 와 그러기로 했다.

아그라에서 만난 한 가족과

타지마할 동쪽 담을 끼고 약간 지저분한 오솔길을 500m정도 거슬러 올라가니 타지마할 뒤쪽으로 야무나 강이 흐르고 있었다. 강 수심은 별로 깊지 않았고 물은 많이 오염되어 있으나 아이들은 수영을 즐기고 있었다.

우리는 나룻배를 타고 강 건너에 있는 갈대밭과 백사장 쪽으로 갔다. 전문가인 카메라맨들이 타지마할을 배경으로 좋은 작품을 촬영하기 위해서 셔터를 계속 눌러대고 있었다. 나도 그 사이에 끼어 디지털 카메라로 열심히 촬영을 했다.

다음 여행 목적지인 바라나시 (Varanasi)로 가기 위해서 우리 일행은 오후 6시에 출발하는 기차표를 예약해 놓았다. 몇 대의 릭샤왈라 (자전거로 끄는 인력거)에 분승하여 라지키만디 역으로 나갔다.

바라나시 전경

어제 오후 7시 45분에 출발한 열차는 아침 12시 10분에 "바라나시" 역에 도착했는데 무려 16시간 25분이나 소요되었다.

역을 나오자마자 릭샤왈라들이 경쟁을 하듯이 배낭을 끌어당겼다. 강가 입구인 '다사수하메르 메인가트' 까지 50루피를 달라고 하는 것을 15루피 (405원)에 가기로 흥정을 하였다.

싸이클릭샤는 두 사람을 태우고 시내를 가로질러 '메인가트' 까지 20분 정도를 달렸다. 자전거 페달을 힘겹게 밟으며 가는 릭샤왈라의 가느다란 허벅다리를 바라보며 측은한 생각이 들어 처음 약속했던 금액의 두 배인 30루피 (810원)를 주었더니 마음이 조금 편안해졌다.

'다사수하메르 메인가트' 에서 재래식 골목시장을 300m 정도 관통하여 들어가니 인류 문명의 4대 발생지 중 하나인, 강가 (갠지스강)의 흙탕물이 도도히 흐르고 있었다.

한쪽에서는 순례자들이 멱을 감고 다른 한쪽에서는 죽은 자를 화장하는 나라 인도. 산 자와 죽은 자, 거부와 거지가 공존하는 나라 인도. 이 험한 배낭여행길을 통해 인도가 나에게 신비와 모험이 숨어 있으며 명상과 구도의 매혹적인 나라로 다가오기를 시바 (Siva)신에게 기원해

강
가

본다.

Puja Guest House에 숙소를 정한 뒤 여장을 풀고 그동안 미루어둔 빨래를 하면서 휴식을 취한 뒤 옥상에 있는 레스토랑으로 올라갔다. 한국에서 온 여행자들이 많이 보였다. 반가워 눈인사를 나누고 각자의 여행지에 대한 유익한 정보를 교환하며 즐거운 시간을 보냈다.

저녁이 되자 손전등을 준비하여 미로를 따라 **"강가 가트"**를 찾아 나섰다. 바라나시의 생명이며 인도의 어머니이기도 한 강가 (Ganga)와 가트 (Ghat)는 구 시가지인 강의 서쪽 기슭을 따라서 60개의 가트가 늘어서 있었다.

각 가트 (강변의 계단)로는 길이 연결되어 있으며 강변에 나란히 지은 왕후의 별장과 사원들이 그 사이를 가득 메우고 있었다. 강물이 불

바라나시

강가 가트

바라나시 화장터

었을 때 수위의 흔적이 건물 벽 높은 곳까지 남아 있기도 하였다.

24시간 주검들을 태우는 불꽃이 꺼지지 않는다는 바라나시의 버닝가트는 모든 인도인들이 오고 싶어 하는 곳이라 한다. 강가의 품으로 돌아가고 싶은 그들의 소망에서 신앙의 위대함을 또다시 느껴볼 수 있었다.

가트 옆으로 가니 다섯 구의 시체가 타고 있고, 그 주위로 고인의 가족들이 모여 있으나 별로 슬퍼하는 기색은 없었다. 많은 여행자들이 지켜보는 가운데 불타고 있는 시체가 더 잘 타도록 대나무로 쿡쿡 들쑤시고 있는 모습을 보니 왠지 서글픈 생각이 들기는 했으나, 더이상의 어떤 느낌은 오지 않았다.

많은 여행자들이 충격을 받고 눈물을 흘리기도 한다는데, 나는 왜 별다른 감정이 느껴지지 않을까? 더럽다거나 무섭다는 생각도 들지 않았다.

새벽 5시 30분에 일어나 강가로 나가니 안개가 자욱이 끼어 있어 해 뜨는 모습을 볼 수가 없었고 여러 가트에서 시체들이 타면서 매캐한 냄새와 뿌연 연기를 내뿜고 있었다.

바라나시에서는 시체를 화장하여 그 재를 강가에 뿌리려면 돈이 필요하다. 시체 한 구를 태우기 위해서는 400kg의 장작이 필요하다고 한다. 값으로는 12,000루피 (324,000원)정도의 거금에 해당되기 때문에, 가난한 자의 경우는 덜 태워진 시체를 그대로 강가에 띄운다.

이곳에서 화장이 금지된 경우와 사유를 보면 다음과 같다. 성직자는 수도 생활로 도를 닦아서 이미 죄의 사함이 이루어졌기 때문에, 임신부는 엄마와 아이의 카르마 (業)가 뒤섞일 우려가 있기 때문에, 피부병 환자와 코브라에 물린 사람은 시바신의 저주를 이미 받은 것이기 때문에 화장이 금지되어 있다.

이 경우는 화장을 하지 않고 시신을 강가에 그대로 버린다. 그러면 물에 떠다니다가 까마귀와 독수리의 밥이 되기도 하고 또한 물고기의 먹이가 되기도 한다.

그때 시체 한 구를 대나무로 만든 사다리 위에 올려놓고 주황색 천으로 덮어 꽃으로 치장을 한 다음 불가촉천

인도 비자

국적에 상관없이 인도에 입국하기 위해서는 인도 비자가 필요하다. 관광비자는 사진2장, 여권만 있으면 쉽게 발급된다.

※인도에서 네팔로 갔다가 다시 인도로 돌아오려면 복수비자가 필요하다.

바라나시에서 화장하는 모습

민 (인도의 카스트 가운데 최하층의 신분)들에 의해서 시신을 옮긴다. 우렁찬 목소리로 "람 람 사뜨해"를 외치며 많은 사람들이 그 뒤를 따른다. 이는 사는 동안 덕망이 높은 사람일 경우 더욱 소리가 높아진다고 한다.

사두의 화장 의식이 진행되었다. 먼저 신성한 강가의 물 속에 주황색 천으로 덮인 시체를 담궜다 올렸다 하면서 몸을 씻어 죄 사함을 받고, 유족들은 불붙은 지푸라기를 들고 시신 위에 5바퀴의 원을 그린 후에 장작더미 속에 넣는다. 그리고는 시체를 장작불 위에 올려놓으면 화장이 시작되면서 시체의 어느 부위가 타는지 뻥뻥 소리를 내면서 탄다. 시체의 얼굴 모습은 이를 악물었고, 새까만 두개골의 모습은 흉물스럽기까지 했는데, 시체 태워지는 연기가 강가 가트를 뒤덮고 있다.

오래 전부터 주변을 서성거리던 개는 타다 남은 시체의 어느 부위인지 뼈 하나를 물고 튀고, 소는 커다란 눈동자가 풀린 채로 껌벅이고 있었다.

인도인들은 한줌의 재가 되어 강가에 뿌려진 죽음은 삶의 대립이 아

니라 그 일부로서 존재하는
것이라고 믿는다. 그렇기 때
문에 이 강가는 신성한 어
머니의 강이고, 한편에서
목욕과 양치질을 하며 성수
라고 구리 항아리에 한 단지씩
받아서 집으로 가지고 간다.

강가에서 목욕하는 모습

　나는 여행하는 동안 인도인들의 고달
픈 삶과 바라나시의 강가 가트의 화장하는 모습을 바라보면서 인간의
생과 사에 대한 많은 생각을 하게 되었다.

　나, 그대는 누구인가? 어디서 왔다가 어디로 가는 것일까? 힌두교나
불교에서 주장하는 윤회에 의하면, "인간은 아득히 먼 옛날부터 영원
한 미래까지 생과 사를 반복해서 3세 6도를 돌고 헤맨다"고 한다. 그들
은 업보에 따른 윤회가 있음을 믿기 때문에 현실을 인정하고 편안한
마음으로 죽음을 맞이하고 있는 것이다.

　많은 사람들은 인생의 무상함을 깨닫지 못하고 짧은 순간의 부귀영
화를 소유하기 위해서 타오르는 욕망을 버리지 못하는 경우가 대부분
이다. 가련하고 안타까울 뿐이다.

　힌두교 신앙에 의하면 강가의 성스러운 물에서 목욕을 하면 모든 죄
가 씻기고 이곳에서 죽어 그 재를 강가로 흘러 보내면 윤회로부터의
해탈을 얻는다고 한다. 그래서일까? 이른 아침부터 많은 사람들이 수
질이 오염되고 탁해 보이는 차가운 강가의 물에서 목욕을 즐기고 있
다.

부처가 첫 설법을 한 사르나트

　강가에서 목욕하지 않으면 인도에 여행을 온 보람이 없다고들 하지만, 나는 용기가 없어 몇 번을 망설이다가 결국은 강가의 품 속에 안기지 못하였다.

　인생의 고뇌를 통감한 고타마 싯다르타 (석가모니)가 해탈의 길을 얻으려고 세속의 생활을 버리고 고행을 계속하다가 부다가야의 보리수 밑에서 깊은 명상에 잠기어 깨달음을 얻었다.

　바라나시에서 북동쪽으로 약 9㎞ 지점에 있는 "사르나트" (Sarnath)는 붓다 (석가모니)가 처음으로 설법을 한 곳으로서 중요한

사르나트 사원

불교의 성지이다. 이곳까지 오토릭샤로 30분을 달려서 찾아왔다.

일찍이 많은 스님들이 수행했던 사원의 흔적의 토대가 빨간 벽돌 잔해로 남아있고, 넓은 잔디밭 가운데에 다메크 스투파의 원통형 탑이 있었다. 아소카왕이 건축했다는 둥근 돌기둥도 기단부만 유적으로 남아 있었다.

사원 앞에는 승려들이 시위를 하고 있었으며, 주변에는 중국과 일본 및 한국사원이 있어 이곳을 찾는 자국의 여행자들에게 많은 편의를 제공해 주고 있었다. 그러나 사르나트가 수도승에게는 특별한 곳이겠지만 나에게는 감명을 줄만한 곳은 아니었다.

바자르 (시장)에서 조금 떨어진 주택가 티베트 식당에 들러서 여행기간 중 가장 맛있는 수제비를 먹었다.

다시 바라나시 시내로 나와 "힌두 대학"(Hindu University)을 방문하였다. 구 시가지 남쪽에 넓게 펼쳐진 부지 위에 인도의 민족 문화를 총체적으로 연구하기 위해서 설립된 대학이다.

교내에 있는 미술관의 규모는 작았지만 훌륭한 조각과 세밀한 힌두교 미술품이 볼만하였다. 그러나 조각 작품이 너무 많아 정리되지 못한 채로 방치되어 있는 것이 아쉬웠다.

일몰시간에 맞추어 강가 가트로 나가서 10인승 보트를 시간당 50루피씩 지불하는 조건으로 빌렸다. 보트의 노를 저어 강가 상류에서 하류를 오가며 가트의 화장터를 바라보았다.

이곳에서는 화장하는 장면을 가까이에서 구경하는 것은 가능하지만 카메라로 촬영하는 것은 엄격하게 금지하고 있다. 보트에서 사진을 촬영하는지를 가트에서 망원경으로 항상 감시를 하며, 적발되는 경우에는 카메라를 빼앗긴다고 보트 주인은 말한다.

바라나시에서 영화를 촬영하는 모습

강가 중앙에서는 인도의 유명한 영화 배우가 영화를 촬영하고 있었고, 주위에 소형 보트를 타고 구경하는 사람들이 많이 모여 들었다. 내용은 뱃놀이하며 노래를 부르고 춤추는 장면인 것 같아 보였다.

석양 노을이 강가를 붉게 물들이며 서쪽 하늘 끝자락에 걸쳐 있더니 카메라 셔터를 눌러보기도 전에 어둠이 깔려오고 강가 가트 곳곳에 횃불이 하나둘씩 보이기 시작한다.

밤이 되면서 메인 가트에는 5m 간격으로 4곳에 제단을 차리고 푸자(Pooja)라는 힌두교의 종교의식이 진행되고 있었다.

4명의 제사장이 한 손에는 횃불을 들고, 다른 한 손에는 종을 들고 흔들며 주문을 외우고 북과 징을 두드려 소리를 내며 춤을 추기 시작하였다. 죽은 자의 명복을 빌고 산 자의 소원을 기원하는 듯 했다. 이

강가의 기원제에서

광경을 많은 이방인들이 숨을 죽이고 바라보고 있었다.

제사장이 나에게 다가와서 다정하게 꽃목걸이를 걸어주며 이마에 붉은 물감으로 둥근 점을 하나를 찍어 주었다. 그리고 방명록에 국적과 본인 및 가족의 인적사항을 기록하니 기부금을 요구하였다. 100루피를 주자 제사장은 연꽃 모양의 종이접시에 촛불을 붙여 강가에 띄우며 나와 우리 가족의 소망을 기원하는 주술을 하며 신명나게 놀아 주었다. 마음으로부터 만족감을 느끼면서 수많은 미로를 따라 숙소로 돌아왔다.

나는 사진작가 Y씨 부부와 함께 팀으로부터 독립하여 앞으로 남은 일정을 같이 하기로 합의하고 오늘 밤 바라나시를 떠나 "카트만두"로 가기로 하였다.

늦은 시간에 일행들이 우리 3인의 독립을 축하하면서도 한편으로는 헤어짐을 아쉬워했다. 우리를 위한 송별연을 해주기 위하여 한국식 식사와 힌두 스타니의 Live음악 감상, 타블라, 사랑기 연주를 하는 2층 다락방 (Raga Cafe)으로 안내하였다.

타블라 연주자는 조율을 하며 신께 기도를 하고, 타블라와 사랑기 서로의 소리가 각기 따로 들리는 듯하다가 이내 하나가 되어간다. 타블라의 줄이 튕겨질 때마다 두우웅, 두우웅 하고 울리는 소리, 사랑기의 깊은 호수에서 새어나오는 듯한 바이브레이션, 두 연주자의 마주치는 눈빛과 미소 속에 점점 소리는 고조되어 가고, 어느덧 이마엔 땀방울이 송골송골 맺혔다.

사랑기는 우리나라의 해금과 비슷
하나 좀더 높고 경쾌한 소리가 나오
는 악기인데 사람의 가슴 속을 후벼
내는 맛은 덜하였다.

그 작은 타블라에서 징처럼 크고
깊은 울림이 나올 때는 잠시 심장이
멎는 느낌이 들기도 했다.

타블라 연주자는 오른쪽 어깨에

타블라와 사랑기의 연주

통증을 느끼는 듯 매만지며 빤 (마약 성분이 섞인 씹는 입담배, 씹으면
빨간 물이 입 안에 가득하다)을 입에 머금고 연주를 하였다.

연주가 다 끝나기 전에 우리 3인은 조용히 석별의 정을 나누고 1월
30일에 델리에서 다시 만날 것을 기약한 후 카트만두 (Katmandu)로
가기 위해 바라나시 역으로 향했다.

네 팔

네 팔

바라나시에서 0시 15분발 기차가 연착되어 2시 50분에 출발하여 오후 1시경에 고락푸르 (Gorakhpur)역에 도착하였다. 정상대로 운행되었다면 7시간 정도 소요되었을텐데 무려 13시간이 소요되었다.

인도에서는 기차나 버스를 이용하려면 2~3시간 정도 기다리는 것은 항상 각오를 하고 느긋한 마음으로 초조함을 버려야 했다.

고락푸르에서 카트만두를 가려면 인도의 국경 도시인 소나우리 (Sonauli)를 거쳐 가야 하기 때문에, 500루피씩 주고 합승용 짚차를 빌려 2시간 정도 달린 끝에 소나우리에 도착하였다.

이곳에서 네팔 (Nepal)의 비자를 받기 위한 수속을 마치고, 고타마 싯다르타 (석가모니)의 출생지인 룸비니 (Lumbini)를 향했다.

룸비니는 붓다 탄생의 성지로 원래 인도의 영토였으나 지금은 네팔의 영토로 국경에 가까운 타라이 평원의 평온한 전원 풍경 속에 있는 조그마한 마을이다.

버스를 타고 1시간 30분을 달려 오후 6시경에 "한국사원" (Korean Temple)인 대성사에 도착하니 법신 스님이 반갑게 맞아 주었다.

이곳 한국사원은 법신 스님이 건립하였는데 부처님에게 불공을 드리고 특히, 고국의 여행자들에게 숙식을 제공하고 있었다.

저녁 공양은 오랜만에 한국식으로 김치와 된장국을 맛볼 수 있었다. 객실을 배정받아 들어가니 7~8명이 잘 수 있는 도미토리 (Domitory) 형식의 깨끗한 방이었다.

짐을 풀고 더운물로 샤워를 끝낸 후 잠자리에 들려고 침대에 오르니

에베레스트와 안나푸르나와 같은 거대한 봉우리가 떠받들고 있는 나라 네팔.

네팔은 히말라야산맥 남사면에 위치하여 동서 850km, 남북 250km의 동서로 긴 국토를 이루고 있다.

북쪽으로 중국의 시짱자치구 [西藏自治區 : 티베트]와 접하고, 동·남·서쪽은 인도에 둘러싸여 있다.

네팔은 인도와 중국 사이에 있는 지리적 여건상 〈아리안족〉, 〈힌두문화〉, 〈티베트〉, 〈몽골〉, 〈불교문화〉를 혼합한 성격을 띠고 있다.

네팔 문화의 큰 특징은 힌두교와 불교의 종교적 조화로서 불교사원 내에 힌두사원이, 힌두사원 내에 불상이 있으며, 종교 예식 행사도 힌두교인과 불교인이 함께 참여하고 거행한다.

여러 층의 석탑, 돌 조각품, 위협적인 눈의 가면, 기도하는 사람의 돌아가는 바퀴, 몽롱한 탕카 두루마리, 티베트의 카펫 등이 네팔의 문화를 대변한다.

1. 수도 : 카트만두
2. 시차 : 한국보다 3시간 15분 늦다
3. 통화 : 네팔 루피 (NRs)
4. 인종 : 여러 민족 구성원이 있으며 대표적으로 셰르파를 포함하여 아리안, 네와리,
          타루, 따망, 티벳인 등이 있다
5. 언어 : 네팔어가 공식 언어이며 영어가 잘 통한다
6. 종교 : 힌두교 (90%), 불교 (5%), 이슬람교 (3%)

전기장판이 깔려 있어 따뜻하였다. 오늘 밤은 내 집에 돌아온 것처럼 모든 긴장이 풀리고 마음에 여유가 생겼다.

옆 침대에는 부산에서 왔다는 60대쯤 되어 보이는 두 친구 분이 있

었는데, 그들은 인도를 거쳐 네팔의 히말라야의 ABC베이스 캠프까지 갔다왔다고 한다. 높은 지대에서 기압과 산소의 감소로 고소증이 발병되어 호흡곤란을 느껴 고생만 하다가 되돌아와서 3일째 요양을 하고 있는 중이란다.

긴 얘기를 나눌 새도 없이 나는 금방 잠이 들어 버렸다.

아침 법신 스님의 불경소리에 깨어 밖으로 나오니 짙은 안개가 자욱하게 끼어 지척을 분간할 수 없었다. 6시에 공양을 하고 법당에 들러 200루피를 시주하였다.

이곳에서는 숙박비를 내지 않고 본인이 법당에 들러서 부처님께 시주로 성의를 표시하면 되었다. 법신 스님과 기념사진을 촬영한 뒤 작별인사를 나누고 한국사원인 대성사를 나왔다.

한국사원에서 1.6㎞ 떨어진 곳에 있는 부처님의 출생지인 "룸비니"를 둘러 보았다. 세계 여러 나라에서 온 빨간 법복을 입은 많은 수도승들이 불교 행사를 갖기 위해 분주히 움직이고 있었다.

한국에서 스님이 인솔해 온 20여 명 정도 되어 보이는 관광객이 꽤나 소란스럽

석가모니 출생지 (룸비니)

게 떠들어 보기에 민망스러웠다.

카트만두를 가려면 다시 국경 도시인 소나우리까지 나가야 했다. 때마침 한국사원에서 시장에 식료품을 사러 나가는 길이라며 소형 버스를 태워주어 소나우리까지 어렵지 않게 나갈 수 있었다.

로컬버스는 카트만두를 향하여 서서히 움직이기 시작하였다. 한 시간 정도 달려 험준한 산골짜기를 굽이굽이 갈지 (之)자로 올라가고 있었다.

산세가 가파르고 위험할수록 주변 산수는 더더욱 아름답고 산골짜기에서 흘러 내려온 물이 명경지수가 되어 바위를 감싸고 돌아가는 모습이 너무나도 황홀했다. 그동안 쌓였던 모든 육신의 피곤함이 일시에 없어지는 듯했다.

높은 산 중턱에는 집들이 옹기종기 모여서 산촌을 이루고, 다닥다닥 이어진 경사가 급한 산자락에는 계단식 밭들이 이어진다. 나에게는 좋은 풍경이었지만, 역경을 극복하면서 삶의 터전을 일구어 가는 농부들의 땀방울을 생각하니 측은한 생각이 들어 가슴이 아파왔다.

아름다운 주변 산악의 경치는 절경이었다. 옆 좌석에 앉은 네팔 대학생과 대화를 나누었는데, 그는 한국인과 네팔인의 혈통이 같은 몽고 인종에 속한다며 다정스레 웃어주었다. 그와 함께 이야기를 하며 온 덕에 별로 지루함을 느끼지 않은 채 오후 6시에 카트만두에 도착하였다. 무려 소요시간이 9시간 30분에 달했다.

한국인 아가씨들 5명이 경영한다는 짱 레스토랑을 어렵게 찾았다. 저녁식사로 김치, 깍두기, 된장국, 제육볶음에 소주까지 마시니 바로 취기가 돌았다.

아가씨들에게 카트만두를 관광하는 요령과 교통편에 대해서 상세히 설명을 듣고, 9시경에 숙소인 Hotel White Lotus에 돌아와 여장을 풀고 잠자리에 들었다.

그러나 실내에 난방이 되지 않아 추워서 도저히 잠을 이룰 수가 없었다.

DATE 열아홉번째날

카트만두의 왕궁

네팔이라는 나라를 살펴보기로 하자. 네팔왕국 (Kingdom of Nepal)의 면적은 14만 718㎢, 인구는 2,250만, 인구밀도는 152.9명/㎢로 높은 편이다. 히말라야 산맥의 중앙부에 있으며, 수도는 카트만두 (Katmandu)이고, 공용어로는 네팔어를 사용하고 있다. 인구 구성은 북방은 몽고계 인종이, 남방은 아리안계의 인종이 주류를 이루고 있는 나라이다.

정치적으로는 국왕이 국가의 원수로 통치권을 행사하며, 하원은 직선, 상원은 하원에서 선출한 35명과 지역 대표 15명, 국왕이 지명한 10명으로 구성되어 있다. 임기는 하원 5년, 상원 6년의 왕정의 나라이다.

경제적으로 토지이용은 영구빙설지 (永久氷雪地)를 포함하여 삼림이 32%, 농경지 14%, 목초지 13%로 경지면적은 약 1만 9,800㎢이다. 근래 전통적인 토지 소유제도의 개혁을 위한 노력에도 불구하고 후진성을 벗어나지 못하고 있다.

종교는 국민의 90%가 국교인 힌두교도이나, 그밖에 불교도 및 소수의 라마교도, 이슬람교도 등도 있다. 주민의 생활양식은 종교에 바탕을 두고 있으며, 특히 힌두교도의 카스트제도 (신분제도)는 사회 발전을 상당히 저해하고 있어 문제가 심각한 편이다.

우리나라와의 관계는 1974년 5월 15일에 수교했으며, 북한과도 수교하고 있어 남북한 모두 상주공관을 설치하고 있다. 1971년 5월에 한국과 무역협정, 1988년 문화협정, 항공협정 등을 체결하였다.

800루피를 주고 택시를 5시간 동안 대절하여 히말라야 천년왕국 네팔의 수도 "카트만두" 시내의 주요관광지를 찾아 나섰다.

이곳 사람들은 세상을 잊고 신을 닮은 사람들과 산을 닮은 아름다운

도시를 만나 자연 그대로 꾸밈없는 진솔한 삶의 모습으로 살아가고 있
었다.

도시문명에 지친 여행자들에게는 언제나 산을 이야기하며, 천년 네
팔의 꿈을 만들어 낸 도시로 잘 인식되어 있다.

카트만두에 몰려든 세계 각지의 배낭 여행자들과 어울려 산으로, 사
원으로, 왕궁으로 거닐다보면 홀연히 신화로, 전설로, 종교로 채색된
꿈을 꾸고 있는 듯한 느낌이 들었다.

네팔의 역사를 보면 지금도 3개의 마을로 남아있는 박타퍼르
(Bhaktapur), 파탄 (Patan),
카트만두 (Kathmandu) 3개
의 독립된 왕국이었다.

각 국의 왕들은 사원의
건설과 예술품의 창작활동
을 장려하였다. 도시는 왕궁
으로 집중되었고, 귀족과 카
스트의 고위 계급일수록 왕
궁 가까이 모여 살았으며 높
은 벽을 쌓아 도시 수변을
둘러쌓았다.

"박타퍼르"는 인도의
부다가야에 있는 대탑을 모
방해서 만든 16세기의 건축
물로, 카트만두 중심부에서

카트만두

동쪽으로 15㎞ 거리에 있는 분지로 제3의 도시인데, 별명은 바그타풀 (신앙의 도시란 뜻)이라고 불리운다.

왕궁 규모에 있어서는 카트만두, 파탄보다 웅장하나 위치가 외곽에 있고, 주민 대부분이 농업에 종사하는 관계로 발전이 더딘 곳이다.

녹색의 풍경을 배경으로 멀리 히말라야가 빛나는 언덕 위에 벽돌 건물이 빽빽하게 들어서 있는 바드가온 거리에는 많은 도자기들이 진열되어 여행객들을 유혹하고 있었다.

"파탄 왕궁"은 랄리트푸르 (Lalitpur : 아름다운 도시의 수도란 뜻) 로 카트만두 남쪽에 위치한 성스러운 강인 바그마티의 강 건너 편에 위치한 옛 도읍지이다.

이 왕궁은 히말라야 산림을 배경으로 하여 아름답게 축조된 목조 건축물들인데, 그것들의 웅장함과 위대성은 나를 감탄하게 했다. 옛 왕

들의 유품이 전시되어 있었고, 특히 미술관에 볼 것들이 많았다.

　광장은 소규모지만, 카트만두 왕궁에 비해 섬세하다. 상업을 관장하는 수호신이 있어 장사하는 사람들이 많이 찾는 빔센사원, 힌두교 최고의 시바신을 모시고 있는 비쉬와나트 사원 등 빼어난 건축물을 볼 수 있다.

　시내에서 4㎞정도 떨어진 곳에 있는 "스와얌부나트" (Swayambhnath)는 네팔 불교의 가장 오래된 사원이며 유네스코에서 지정한 세계적 문화유산이다. Monkey Temple (원숭이 사원)이라는 별칭으로 더 알려져 있는 곳으로 원숭이가 아주 많다는데, 나는 웬일인지 한 마리도 구경하지 못했다.

　가파른 언덕의 계단을 올라가노라니 양쪽으로 걸인 및 사도들이 박시시를 요구하고 있었다. 힌두교의 후진성 때문에 가난을 숙명으로 받아들이고 있는 이곳 사람들의 고달픈 삶이 측은해 마음이 아팠다.

　언덕 위에 있는 나타폴라 사원의 5층탑 사면에는 부처의 눈이 그려져 있었는데, 마치 내 마음을 꿰뚫어 보는 것 같아 탐욕을 버리고 마음을 비우며 살자는 다짐을 했다.

"파슈파티나트"는 힌두교인들이 신성하게 생각하는 바그마티 강변에 위치하고 있으며 네팔 힌두인들의 최고 성지 중의 하나이다.

　시바신을 위해 세워진 이 사원은 서기 477년에 처음 지어졌고 10세

카트만두 파슈파티나트 화장터 모습

기 경에 파괴되어 지금의 건물은 말라 왕조 때 다시 지어진 것이다.

그런데 우리에게는 힌두사원보다 죽은 시신을 태우는 화장터로 더 잘 알려져 있다.

파슈파티나트 (Pashupatinath) 화장터는 인도의 바라나시 강가 가트와 그 규모를 비교할 수 없을 만큼 초라하였다. 앞에는 조그마한 실개천이 흐르고 있고 화장하는 의식은 인도와 별 차이가 없으나, 사진 촬영은 가까이에서 자유롭게 할 수 있었다.

카트만두에 있는 "파슈파티나트 화장터" 에서 노릿한 냄새와 함께 시체가 타들어 가는 모습을 바라보고 있노라면 여기가 내가 살고 있는 지구상 어디인지? 한줌의 재로 강가에 뿌려질 인생의 무상함을 느끼게 된다.

"보다나트" (Boudhanath)는 세계에서 가장 큰 스투파의 하나로써 그곳에 가면 탑 주위에는 티벳사람들의 집단촌이 형성되어 있어 티벳탄 문화가 살아 숨쉬는 곳이기도 하다. 작은 스투파를 돌리거나 오체투지를 하는 사람들로 늘 북적거리는 곳이다.

힌두교나 불교의 부족 신앙이 공존하며, 교리 상으로도 서로 밀접한 관계가 있어 종교 간에 갈등이나 마찰은 더더욱 없다. 종교 간의 구분도 뚜렷하지 않

세계에서 제일 큰 보다나트 스투파

아 실제로 불교 사원에서 참배하는 힌두교도들도 많고, 또한 힌두교 사원에 가면 불교도들도 쉽게 볼 수 있었다.

이처럼 네팔에서는 종교란 삶 자체이며 사원과 생활의 터전 역시 특별히 구분되어 있지 않았다. 그들의 신앙은 문자 그대로 신앙과 생활이 하나로 어우러진 신앙이었다. 그들의 신앙에 깊은 감명을 느꼈다.

칠순 노파의 오체투지하는 장면과 탁발승의 경전 읽는 모습들, 사원 주위에서 흔히 볼 수 있는 마니차를 돌리며 '옴마니 반메홈'을 암송하는 순례자들, 그들은 네팔인 뿐만 아니라 유럽과 미국, 한국에서도 찾아온 국경을 초월한 순례자들로서 그들의 행렬은 끝없이 이어지고 있었다.

특히 사원을 중심으로 장방형으로 펼쳐진 티베트 사람들의 공예품 및 불교용품 가게들은 이곳이 진정한 티베트 불교의 메카임을 느낄 수 있게 했다. 그것들은 매우 정교하고 훌륭한 불구(佛具)들

카트만두의 고궁

이어서 세계에서 찾아드는 불자들을 더욱 정성스럽게 맞이하고 있다는 느낌이 들었다.

네팔 수도인 카트만두는 듀발 광장 (Durbar Square)을 중심으로 도시의 기능이 발달되어 있었다. 듀발이란 말은 원래 '왕 혹은 왕궁' 을 지칭하는 전통 네왈족 언어이나 카트만두나 인근의 도시에서는 도시의 심장부를 뜻하였다고 한다.

듀발 광장을 중심으로 인근에 위치한 16세기 말라왕조의 구왕궁과 칼리바이라브 석상, 여신 쿠마리가 살고 있는 쿠마리 사원 등 카트만두의 주요 유적들이 한곳에 모여 있어 이 신비로운 고대 도시의 역사와 목조 건축문화를 두루 살펴볼 수 있었다.

특히 여행자에게 더없이 즐거운 것은 인도, 네팔, 티베트의 불교적 토산품과 불교용품을 파는 노점들이 광장에 펼쳐져 있어 이들의 장식문화를 이해할 수 있었고, 기념품을 사는데 아주 유용한 장소로서 관광객들의 발걸음을 멈추게 만들었다.

빽빽하게 짜여진 일정에 따라 카트만두 시내 관광을 하루에 마무리 짓고 돌아오는 길에 여행사에 들러 포카라행 관광투어 버스를 예매하고 숙소로 돌아왔다.

DATE 스무번째날

이른 아침 6시 30분에 출발하는 관광투어 버스가 카트만두 (Katmandu)에서 "포카라" (Pokhara) 까지 약 200㎞의 거리를 7시간 동안 달려와 오후 1시 30분에 도착하였다.

버스 정류장에는 호객꾼들이 명함을 나누어 주며 값싸고 서비스가 좋은 호텔과 교통편을 제공하겠다고 팔을 잡아끌며 "Hello, Japanese" 라고 치근덕거려 나중에는 짜증스럽기까지 했다.

인도보다는 조금 나은 편이지만 네팔도 여행객을 상대로 속이고 바가지를 씌우려는 사람들을 흔히 볼 수 있었다.

호객꾼의 유혹을 물리치고 여행 가이드북에 나온 호텔 인디라를 찾아갔다. 호텔 인디라는 한국의 배낭여행자들에게 널리 알려져 있어 대부분의 객실이 한국 사람들로 채워져 있다.

페와 호수에서

호텔 인디라에서 도보로 10분 거리에 유명한 휴양지로 알려진 페와 호수 (Phewa Lake)가 있고, 그 하류에는 담푸사이드 (Dhampus-side)가 있었다.

원래 "페와 호수"는 약 20만 년 전 바다에서 육지로 변할 때 남겨진 호수로 네팔 중서부에서 제일 큰 호수이다.

겨울철을 제외하고는 언제나 수영을 즐길 수 있으며 배를 빌려 타고 한가로이 떠다니며 물에 비친 마차푸차

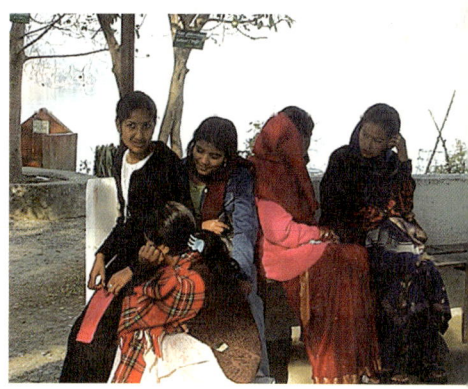

페와호 여인

르의 반영을 감상할 수 있다. 낮에는 많은 관광객들로 다소 소란스러 웠지만 이른 아침과 저녁에는 한가롭고 자유스러워 보였다.

그리고 인도의 소들은 비쩍 말라 길거리를 헤매는 것에 비하여, 이 곳 폐와 호수 주변을 걸어 다니는 주인이 없는 듯한 소들은 윤기가 흐 르고 통통하게 살이 쪄있는 채로 자유롭게 걸어 다니는 모습이 평화스 러워 보이기도 하였다.

휴식을 취하다가 사진작가인 Y씨 부부와 함께 호수를 끼고 걸으며 산책을 즐겼다. 한가로운 폐와 호수에는 석양 노을을 받아 하늘을 뚫 을 듯한 히말라야 고봉들의 반영이 장관을 이루고 있어 감탄사가 절로 나왔다.

나는 이번 여행을 Y씨와 동행하면서 사진촬영 기법을 익혀, 히말라 야를 배경으로 한 좋은 작품을 찍겠다는 일념으로 카메라 셔터를 눌러 댔다.

남북으로 길게 뻗어있는 폐와 호수의 주변을 따라 음식점 및 상점들 이 줄지어 서있고 입가엔 미소를 띤 채, 담소를 나누는 여행객들의 편 안한 모습에서 진정한 휴식처란 바로 이런 곳을 두고 말하는 것이 아 닌가 하는 생각이 들었다.

DATE 스물한번째날, 스물두번째날

이른 새벽인 5시에 기상해 택시를 800루피에 대절하여 "사랑코 트"(Sarangkot : 1592m)로 달려갔다. 사랑코트는 포카라에서 북쪽으

페와 호수에 비친 안나푸르나의 반영

로 약 5㎞ 떨어진 곳에 있는 곳으로 이곳에서 2시간 거리에 있는 히말라야를 감상할 수 있는 전망대이다. 일본에서 단체로 온 카메라맨과 세계 여러 나라에서 모인 여행객들이 장사진을 이루고 있었다.

히말라야의 고봉인 안나푸르나 (Annapurna)는 일출 (Sunrise)을 받아 온통 붉게 물들어 가기 시작하며 서서히 위용을 드러내는 설봉이 눈앞에 장관을 이루고 있었다. 불타는 안나푸르나를 카메라에 담기 위하여 좋은 장소를 차지하려는 경쟁도 치열하였다. 사진작가인 Y씨와 나는 더 좋은 작품을 촬영하려고 셔터를 눌러댔다.

사랑코트의 일출광경 관광을 마치고, 평생 동안 잊혀지지 않을 추억을 만들기 위해 히말라야의 "안나푸르나봉"를 향하여 오르는 2박 3일의 "트레킹"(Trekking)을 나섰다. 포카라에서 13㎞ 떨어진 페디(Phedi)로 달려와 트레킹을 위한 모든 준비를 마무리했다.

낮은 산과 계곡에 둘러싸인 가파른 계단식 언덕길을 오르내리며 산자락에 위치한 조그마한 마을로 접어들었다. 그 거친 자연 환경에 적응하면서 살아온 히말라야의 고산족들의 지혜를 생각하며, 그들의 순수한 인간미를 바라보노라니, 시간의 벽을 넘어 타임머신을 타고 과거 속으로 여행을 하는 듯한 느낌이 들었다. 고산족의 삶 속에서 내 어릴 적 자화상을 발견하기에 충분하였다.

산비탈을 계단식으로 개간하여 밭을 일구어 놓았는데, 농작물의 새싹이 파릇파릇 돋아나고 있었다.

네팔인도 한국인과 같이 몽고인종에 속하기 때문에 얼굴을 보고는 구별하기가 쉽지 않았다. 생활양식도 우리나라의 40~50년 전 농촌의 모습과 너무나 흡사하여, 우리의 옛 농촌을 연상하기에 매우 적절한 모습이었다.

그러나 세계적인 관광의 붐이 일어난 이후 히말라야를 찾아 트레킹을 즐기는 많은 관광객들로 인하여 고산족들도 많이 변했다. 어린애로부터 어른에 이르기까지 이방인을 만나면 박시시를 요구했다. 특히 사진촬영에 모델료를 달라는 주름잡힌 노인의 끈질긴 탐욕을 안타까이 바라보며 길을 재촉하는 내 발길과 마음이 무거웠다.

쉬엄쉬엄 네다섯 시간을 걸어서 안나푸르나가 바로 손에 잡일 듯한 "담푸스"(Dhampus) 마을에 도착하여 호텔 라주 (Hotel Raju)에 숙소를 정하였다.

하늘 아래 첫 동네인 담푸스

담푸스 학교

담푸스 학생들의 야외 수업

담푸스의 모녀

하늘 아래 첫 동네로 산골짜기마다 허술한 집 몇 채가 띄엄띄엄 있었고, 초등학교와 중학교도 있어 이곳 사람들의 교육에 대한 열의가 대단히 높음을 알 수 있었다.

마을 가운데에 조그마한 동산이 히말라야 고봉들을 바라볼 수 있는 전망대로 사용되고 있었으며, 많은 트레킹 족들이 석양의 노을 진 안나푸르나를 카메라에 열심히 담고 있었다.

담푸스 모녀의 초대로 고산족 가정을 방문해서 극진한 대접을 받았으며 짜이를 마시며 이들이 살아가는 이야기를 듣고 삶의 모습을 두루 살펴보았다.

남편은 도시로 돈벌이를 나갔고, 초등학교 2학년인 10살짜리 딸 한 명이 있고, 자신의 나이는 30살이라고 했다. 나는 그 말에 내 귀를 의심하고 나이를 다시 물어보았다. 나는 그 부인의 나이를 50세 이상으로 보았기 때문이다.

여행 기간 동안 인도인과 네팔인으로부터 느낀 점은 나이에 비해서 15~20세 정도 한국 사람보다 더 나이가 들어 보인다는 것이었다.

가옥의 외형은 낡고 허술하지만 실내 방바닥은 황토를 곱게 장판처럼 발라 놓고 있었다. 큰 방에는 침대가 놓여 있고 작은 방에는 장식장과 세간이 잘 정돈되어 있어 부인의 깔끔한 성격을 엿볼 수 있었다.

기념사진을 찍어 주겠다는 말에 잠시 기다려 달란다. 원색의 화려한 전통 복장에 장식을 하고 카메라 앞에 멋진 포즈를 취해 주었다. 때묻지 않는 순진하고 해맑은 미소가 너무나도 아름다웠다.

겨울철 히말라야의 건조한 기후는 낮에는 우리나라의 초가을 날씨처럼 따갑지만, 해가 짐과 동시에 사방에 칠흑 같은 어둠이 깔려오면서 추워지기 시작해 저절로 몸이 떨리며 움츠러 들었다.

전기시설이 되어 있지 않아 켜 놓은 희미한 촛불은 외풍에 흔들리며 꺼졌다. 옷을 입은 채로 침낭 속으로 들어갔지만 저녁내 오들오들 떨어야 했고, 깊은 잠을 잘 수가 없었다.

아침 5시가 되어도 하늘에는 별만 총총히 떠있고 히말라야의 고봉은 아스라히 보이지만 카메라의 노출이 나오지 않았다. 6시가 가까워지면서 여명의 빛이 어둠의 그림자를 서서히 밀어내고 있었다.

연보라색 조각구름 아래 안나푸르나의 절경이 빙산과 어우러져 금잔화의 아름다움이 하얀 꽃으로 피어 여행자를 부르고 있었다. 아! 아름다움에 눈이 부셔 한없는 사랑스러움으로 한참 동안을 우러러 보았다. 천만 년의 고향, 히말라야여….

그러나 이곳에 내가 없다면 또 무슨 소용이 있으랴. 이번 여행을 마치면 또다시 빙산과 어울려 있는 금잔화의 아름다운 백설을 언제 다시 볼 수 있을까?

눈에 아른거리는 그 모습을 뒤로 하고 떠

담푸스에서

담푸스에서 본 히말라야

나려 하니, 나의 작은 가슴은 안타까움으로 인하여 방망이질이 끊이질 않는다. 설렘과 아쉬움으로 흥분된 마음을 억누를 길이 없었다. 아쉬움만을 잔뜩 남겨둔 채 마음의 고향인 안나푸르나를 뒤로 하고 하산하는 발걸음은 무겁기만 했다. 아쉬움을 차곡차곡 마음 한 구석에 접어두고, 다시 기회가 있겠지 하는 생각으로 포카라로 돌아왔다.

　　그동안 미뤄 두었던 세탁을 하고 포카라에서 제일 큰 시장인 "마헨드라 폴"(Mahendra Poll)을 찾아갔다. 우리나라의 재래시장과 비슷하여 외국이라는 생각이 전혀 들지 않았다.

포카라는 히말라야 산악등반의 출발 지점으로 유명 메이커 등산용품을 취급하는 전문점이 많지만, 값이 비싸서 구입하기에는 부담스러웠다.

여행 중 모자를 잃어버려 사려고 값을 물어보니 우리나라의 코오롱스포츠 제품인데 네팔 화폐로 1,000루피 (한화 15,000원)를 달라고 하였다. 근로자의 월급이 500루피 정도이고, 모자 값이 1,000루피라니, 상상을 초월하는 높은 가격이었다.

결국 아이쇼핑만 하고 과일 가게에 들러 감귤과 바나나를 구입해 저녁식사를 대신하고 포장마차 아주머니가 내준 의자에 앉아 짜이 한 잔으로 시름을 달래었다.

시내 야경을 보며 30분이면 숙소까지 돌아올 수 있는 길이었지만 컴컴해지면서 방향을 잃어버려 2시간 이상 길거리를 헤매었다. 하지만 택시를 이용하지 않고 도보로 물어가며 찾아왔다.

페와 호수 상류 중앙에는 조그마한 인공 섬과 힌두교 사원이 조성되어 있었다. 많은 사람들이 힌두신에게 산 양의 피를 바치며 이마에 피를 바르는 행사가 계속 이어지고 있었다.

넓은 호수에는 보트를 타고 노 젓는 수많은 선남선녀들의 모습이 평화

네팔 비자

인도 국적을 제외한 모든 외국인은 네팔 비자를 받아야 한다. 현재 한국에는 네팔영사관에서 비자를 발급하며, 공항에서 즉시 단수 관광비자를 발급해 준다. 그리고 인도, 네팔 국경에서 즉시 발급해 주기도 한다.

롭고 한가로워 보였다. 나이를 초월한 동심으로 힘껏 노를 저어 보았
지만 쓸쓸한 마음을 달래줄 사람은 아무도 없이 나 혼자였다.

스물세번째날

인도의 리쉬케쉬 (Rishikesh)로 향하기 위해 포카라의 종합터미널에
서 오후 1시에 출발하는 고물 로컬버스에 승차하였다. 배낭은 버스 지
붕 위에다 올렸다. 차내의 환경이 불결하고 좌석간의 간격이 비좁고
딱딱하여 장거리 여행에는 고생을 각오해야 될 것 같았다.

출발 시간 30분이 지나도록 시동만 걸어놓고 움직이지 않는 버스는
냉난방 시설이 전혀 되지 않아 숨이 꽉 막혔다. 드디어 만원버스가 가
다서다를 반복하면서 서서히 움직이기 시작하였다.

도로에는 끝자락이 보이지 않도록 길게 늘어선 수많은 군중들이 플
랭카드를 앞세우고 무어라고 구호를 외치면서 포카라 종합운동장 방
향으로 몰려가고 있었다. 갑자기 버스 안에 타고 있던 가사와 모든 승
객이 내려 군중대열에 합류하였다.

Y씨 부부와 나는 무슨 영문인지를 몰라 답답하고 짜증이 났지만 기
다리는 수밖에 없었다. 넓은 종합운동장에는 오십만 시민이 집결하여
인도를 성토하는 군중 궐기대회를 열고 시가행진을 하고 있었다.

인도의 유명한 영화배우가 네팔 국민의 감정을 건드리는 발언을 함
으로써 궐기대회가 전국적으로 열리고 있는 중이라고 했다.

예정 시간보다 2시간 늦게 포카라를 출발한 버스는 7시간 정도를 달

려 룸비니를 지나가고 있었다. 밖에는 이미 어둠이 깔려 지척을 분간
하기 어려웠다.

갑자기 달리던 버스의 라이트가 나가면서 멈추어 섰다. 장시간 수리
를 한 후 또 버스는 비포장 도로를 덜커덩 거리며 힘겹게 달려 가지만
불안한 생각을 떨칠 수가 없었다.

낮에는 찜통처럼 덥더니 밤이 되면서 기온이 뚝 떨어져 쌀쌀한 날씨
로 급변해 인내의 한계를 시험하는 듯 했다. 달리던 버스는 도로변 간
이음식점 앞에 멈추었다. 간식으로 짜파티에 짜이 한 잔을 마시며 모
닥불 앞에 둘러앉아 30분 정도 추위를 녹였다.

드디어 19시간 30분을 달려 네팔의 국경 마을인 마헨드라나가르에
도착하였다.

인도

북인도

네팔 출입국 관리소에 들러 출국신고를 마치고, 인도의 국경 마을인 밤바사 (Bambasa)의 출입국 관리소로 가서 입국심사를 받았다. 싸이클릭샤를 타고 3km떨어진 밤바사 버스 정류장에서 하르드와르 (Hardwar)행 버스에 올랐다.

서인도의 지명도 모르는 지역을 지나가는데, 도로변에는 원숭이들이 수백 마리씩 무리를 지어 다니면서 도로를 점령하고 있어 마치 시위를 하고 있는 듯 했다. 또한 도로 곳곳에 소들이 차도를 막고 있어 자동차가 크락션을 뿡뿡하고 계속 눌러도 어슬렁거리고 비켜주지 않았지만 버스기사는 절대 조급해 하지 않았다.

우리나라의 농촌은 노인들이 지키고 젊은 사람들은 도시로 빠져나가 일손이 많이 부족하다. 그러나 인도의 농촌에는 사람이 넘치고 있지만 일하는 사람을 보지 못했다. 넓은 국토가 있지만 왜 경작을 다 하지 않고 휴경지로 방치하여 잉여인력을 활용하지 않는지, 나는 여행기간 내내 의문이 풀리지 않았다.

덜커덩 거리며 달리던 버스의 기사는 기어가 고장 나서 더이상 갈 수 없다고 버스에서 내리라고 한다. 60여 명의 승객이 지나가는 다른 버스에 분승하여 각자의 목적지를 향하여 떠나갔다.

우리 일행 3명은 앞뒤로 배낭을 메고 있었기 때문에 도중에 버스를 탄다는 것이 쉽지 않았다. 1시간 정도를 기다려 최악의 상황에서 버스를 탔으나 초만원 버스에 30kg의 배낭을 내려 놓을만한 곳은 없었다. 할 수 없이 메고 갈 수 밖에 ….

고통과 짜증이 나의 한계를 시험하는 가운데 버스는 또 멈추었다. 이번에는 타이어가 펑크가 나서 정비소까지 가서 펑크를 때워 와야 갈 수 있단다. 인도의 자동차들은 재생 타이어를 사용하고 있었으며, 비상용 타이어도 없이 다니는 경우가 대부분이었다. 2시간 이상을 기다리니 그제야 버스는 펑크 난 타이어를 때워 다시 돌아왔다.

어두운 밤길을 계속 달려서, 네팔의 포카라를 출발한지 37시간만인 새벽 2시경에 북인도의 하르드와르에 도착하였다. 버스에서 5끼니 식사를 빵과 과자, 귤, 바나나와 생수를 먹으며 여행하기는 처음이었다. 참으로 고행이었다.

심신이 고달프고 피곤해 움직이는 것도 싫고, 집으로 돌아가고 싶은 마음이 간절하였다. 그동안 60여 국가를 여행한 경험이 있지만 이번 같이 힘든 여행은 처음이었다.

새벽 3시경에 Sara Swat Hotel에 숙소를 정하고 여장을 풀었으나 난방시설이 되어 있지 않아, 침낭 속으로 들어가 움츠린 채 뜬눈으로 밤을 새웠다. 북인도의 겨울 날씨가 이렇게 매서운지 미처 몰랐다.

"하르드와르" (Hardwar)라는 지명은 "시바신 (Har)의 문 (Dwar)"을 의미한다고 한다. 강가의 원류이자 신 (神)들이 살고 있는 산지 (山地)로 가는 입구라는 것이다.

성스러운 강가의 발원지인 히말라야 꼭대기의 빙하가 녹아서 물이

하르드와르 강가

되고 계곡을 따라 성지인 하르드와르를 거쳐 평야를 적시며 바라나시 강가로 흘러들고 있었다.

아침 6시에 싸이클릭샤를 타고 강가의 원류를 찾아갔다. 그곳에는 많은 사람들이 차가운 강가의 물에 덜덜 떨면서 들고나기를 반복하고 있었다.

강가의 원류인 히말라야에서 시바신이 내려준 물에 목욕하며 소원을 기원하는 모양이었다.

가트 주변은 깨끗이 정리되어 있으며 목욕하는 풍경도 바라나시 가트에서 본 것과는 사뭇 달랐다. 강물의 양도 많을 뿐만 아니라 유속이 빨라서 가트 곳곳에 쇠기둥을 세워 쇠줄을 달아 놓아 강물에 들어갈

이른 아침 하르드와르에 몸을 담그는 모습

때는 쇠줄을 붙잡도록 되어 있었다.

특히 강가의 성스러운 물을 담아 가지고 돌아갈 수 있는 놋그릇 "강가자리"를 주변 토산품가게에서 순례객을 대상으로 팔고 있었다.

일몰 때가 되니 이 가트에서 푸자 (신을 향한 예배)의식이 행해져, 신에게 바치기 위한 소망을 담은 불이 사람들의 얼굴을 붉게 물들이고, 흙빛 강물 위에 나뭇잎으로 만든 그릇에 실린 등불이 연이어 흘러 내려갔다.

이 반짝반짝 깜박이는 등불은 빠른 물살에 휩쓸려 마치 인간의 삶이 한순간인 것을 가르쳐 주기라도 하듯이 금세 강 하류의 어둠 속으로 흔적도 없이 사라져 버렸다.

강가의 흐름에 따라 하르드와르에서 북쪽으로 24㎞ 거슬러 올라간 성지 "리쉬케쉬" (Rishikesh)에는 버스로 1시간을 달려서 도착하였다. 하류의 탁한 물에서는 상상도 할 수 없는 "아름답고 맑은 강가"가 소리 내며 흐르고 있었다.

히말라야에 겨울이 찾아오면 처처에 은거하던 수행자들은 추위에서 비켜나 리쉬케쉬로 내려와서 봄을 기다린다고 한다.

히말라야 산자락에서 수도하는 모습

　하르드와르를 평신도의 기원의 장소라고 한다면 리쉬케쉬는 수도승들의 기원의 고향인 셈이었다.

　시가지나 강기슭에서 밝은 오렌지색 옷을 입은 수행승인 사두의 모습을 자주 볼 수 있었다. 힌두교 성지로서 크고 작은 사원도 많고 요가 도장과 이슬람교들이 도를 닦는 종교시설도 많이 있었다.

　특히 리쉬케쉬는 "요가의 고향"으로 세계적으로 많이 알려져 있는 도시이며 많은 유럽인과 한국인도 요가를 배우기 위해 장기간 체류하고 있는 사람들이 꽤 있다고 했다.

　리쉬케쉬는 히말라야의 깊은 산자락에 있지만 관광객 출입이 빈번하여 소박한 순례자가 참배하러 오는 성지와 비교하면 다소 세속화된 느낌이 들었다. 세계 각국에서 온 힌두교 수도승들이 길 양쪽에 앉아

리쉬케쉬 강가의 전경

리쉬케쉬 힌두사원 정문

서 구걸하며, 밤이 되면 강가의 바위에 누워서 하늘을 이불 삼아 잠자는 모습이 고행을 통한 수도자의 길이라고는 하지만 측은하고 안타까울 뿐이었다.

레스토랑에서 저녁을 먹던 중 울산에서 왔다는 2명의 여학생을 우연히 만나서 반가웠다. 한 여학생은 울산 대학교 학생인데 인도가 너무 좋아서 휴학을 하고 세번째로 여행을 왔다고 자랑하듯이 말했다. 그래서인지 의복도 인도의 전통 복장인 사리를 걸쳤고 인도 생활에 잘 적응하고 있는 모습이었다.

그 여대생의 말에 의하면 인도인과 같은 방식으로 행동하고, 옷을 입고, 식사를 해야 인도인에게 무시당하지 않으며, 바가지를 쓰지 않고 적은 비용으로 여행을 다닐 수 있다고 했다. 그녀의 조언을 염두에 두고 여행하리라 생각하며 그녀에게 고마움을 표했다.

내일 같이 래프팅 (Rafting)을 하기로 약속하고 숙소인 Brijwasi Palace Hotel로 돌아왔다.

스물일곱번째날

 아침 7시쯤 숙소를 출발 강가 상류를 따라 4km정도 산책을 하며 올라갔다. 강가를 중심으로 양쪽에는 산 계곡의 끝자락마다 마을이 형성되어 커다란 휴양도시를 이루고 있었다.

 숲 속에는 띄엄띄엄 구도자들의 초막들이 있고, 기상천외한 모습들이 눈에 들어와 볼수록 가관이었다. 어찌 수행자의 삶과 깨달음의 모습이 저리도 형형색색일까?

 귓가에 들리는 강물소리, 계곡의 초막에서 도인이 불어주는 상카의 울림이 내 마음을 처량하게 하고 울적한 범인의 영혼을 깨우쳐 주어 새삼 구도자인양 명상에 잠겨 보았다.

 산책 후 호텔로 돌아와 체크아웃을 하고 래프팅을 떠나기 위해 아침 식사를 했던 레스토랑에 배낭을 보관시켰다. 어제 밤 래프팅을 함께 떠나기로 약속한 여대생들과 합류하자 일행은 7명이 되었다.

 일행 7명은 짚차를 타고 갠지스강 상류 8km지점에 위치한 "래프팅" 출발 지점으로 이동하였다. 출발 지점은 수심이 1m, 강폭 50m정도 되어 보이는 경사가 완만한 곳이었다. 강 상류에서 하류까지 래프팅은 5시간 정도가 소요될 것이라 했다.

 우리 일행들은 래프팅에 대한 상식이 전무하여 인솔자로부터 10여분 정도 노를 젓는 방법과 급류를 타는 요령을 습득하였다.

 고무보트에는 2명의 인솔자와 일행 7명 (남자 2명, 여자 5명)이 동승하여 강 상류에서 유속을 이용하여 하류로 내려가는데 급류를 만날 때마다 파도가 보트를 덮쳐왔다. 파도가 덮칠 때마다 물을 흠뻑 뒤집어

리쉬케쉬 래프팅

써 우리는 영락없이 물에 빠진 생쥐 꼴이 되어 오들오들 떨어야했다.

래프팅을 시작하기 전부터 하늘엔 먹구름이 잔뜩 끼어 있더니, 갑자기 천둥번개를 동반한 소나기가 쏟아지기 시작하였다. 그러나 이미 온 몸이 흠뻑 젖어 있었기 때문에 오히려 스릴을 느낄 수 있었다.

래프팅을 할 때부터 내리던 비는 오후 늦은 시간까지 그치지 않고 계속 세차게 내리고 있어 걱정이 되었다.

오늘 밤 9시 20분에 출발하는 암리차르 (Amritsar)행 기차를 타려면 하르드와르 역으로 나가야했다.

레스토랑에서 저녁식사를 마친 후에 오토릭샤를 타고 빗길을 한 시간 정도 달려 하르드와르역에 도착하였다.

3일 전에 예매해 놓은 암리차르행 기차가 취소되었다고 한다. 역무원은 표정 하나 변하지 않고 태연하게 말하는데, 나로서는 도저히 이해되지 않는 일이었다. 기차가 취소된 이유를 물어보니 자기도 모른다고 했다. 세상에 이런 황당한 일이 있을 수 있는가? 어디다 하소연을 할 수도 없었다. 상식이 통하지 않은 나라가 바로 인도였다.

이런 상황이 자주 반복되기 때문에 역 대합실에는 승객과 노숙자, 가축들이 어우러져 지내고 있는데, 무질서 가운데 조화를 만들어 가고 있는 듯한 모습이었다.

　노숙자가 모포 한 장을 반은 깔고 반은 덮고 자고 있다. 지나가는 개
가 그 옆에 자리를 잡고 눕는다. 노숙자와 개가 밀고 당기는 모습이 우
스웠다. 화장실도, 쓰레기장도 별도로 있을 필요가 없다. 아무데나 대
소변을 보면 그곳이 화장실이 되고, 쓰레기를 버리면 쓰레기장이 되는
곳이 바로 인도였다.

　기차가 취소되어 어쩌면 좋을지 막연하던 차에 할아버지 한 분이 어
디를 가느냐고 묻기에 암리차르를 간다고 하니까 자기도 암리차르를
간다고 하며 따라오라고 하였다. 하르드와르에서는 기차가 많지 않으
니 버스를 타고 암발라까지 가서 기차를 타면 암리차르를 갈 수 있다
고 하였다.

　기차표를 환불받아 하르드와르 버스터미널에서 밤 10시에 버스를
탔다.

DATE 스물여덟번째날

　어젯밤 10시에 탄 버스는 5시간을 달려 새벽 3시에 암발라역에 도착
하였다.

　거기서 다시 암리차르로 향하였는데 기차 좌석권을 구입하지 못해
서 입석으로 가야 했다. 연속된 강행군으로 체력이 떨어짐을 느끼는
가운데 오전 12시경에 암리차르에 도착할 수 있었다.

　암리차르 역에서 시크교의 총 본산인 황금사원 (Golden Temple)

까지 서틀버스를 무료로 운영하고 있었는데, 도보로 15분 정도 거리였다.

황금사원은 시크교도의 세계를 엿볼 수 있는 곳으로서 순례자용 무료 숙박 시설을 갖추고 있었다. 황금사원은 신자들이 내는 거액의 기부금으로 운영되고 있어서 인지, 여행자들이 감사하는 뜻에서 내놓는 기부금 따위는 아예 바라지도 않는 듯하였다.

황금사원은 기본 숙식을 무료로 제공하지만, 우리 일행은 숙소가 마음에 들지 않았다. 숙소의 실내는 여러 사람이 같이 사용하는 도미토리로써 침대가 없고 시멘트 바닥에 매트리스가 20장 정도 깔려 있었는데 지저분하기가 말로 할 수 없었다.

할 수 없이 유료로 운영하는 침대 2개, 샤워를 할 수 있는 화장실이 있는 깨끗한 방 하나를 사용하기로 하고 보증금 200루피를 지불한 뒤 그곳에 여장을 풀었다.

약간의 휴식을 취한 뒤 오후 4시경 호텔에서 100m 정도의 거리에 있는 시크교도의 총 본산인 "황금사원" (Golden Temple)으로 나갔다.

사원 입구에 들어서자마자 신발을 보관소에 맡기고 맨발로 다녀야 했고, 머리카락이 노출되지 않도록 모자를 쓰든지, 스카프로 머리를 가려야 했다.

길 중앙에는 붉은색 카펫이 길게 깔려 있고, 도랑에 고인 물에다 발을 적시고 지나가야만 했다.

성소로 들어가는 길은 올라가는 길이 아니라, 계단을 이용해 내려가도록 되어 있는 것이 흥미로웠다. 이것은 예배자가 일상생활로부터 한 단계 더 몸을 낮추라는 뜻이라니, 시크교의 가르침을 깨달을 수 있는

황금사원

모습이었다.

또한 사원의 출입구가 사방으로 열리도록 설계되어 있는 것도 황금 사원이 만인에게 개방되어 있음을 상징하는 것이라고 하니, 세세한 부분까지도 신자들을 위해 배려했음을 느낄 수 있었다.

물을 가득 채운 사각의 연못 중앙에는 황금색으로 빛나는, 작지만 아름다운 사원이 있다. 그 곳에서는 끊임없이 은은한 성가가 울려 퍼져

황금사원

마음을 차분히 가라앉게 하였다.

못 주변으로 이어진 사각의 회랑은 하얀 대리석으로 만들어져서 맨발로 걸으니 차가운 감촉을 느낄 수 있었는데, 그 기분이 야릇했다.

"불사의 연못"에 걸쳐진 하얀 다리를 건너서 사원 입구에 다다르자 신자가 아니더라도 하늘로 승천할 듯한 기분에 사로잡히기도 하였다.

화초 문양으로 벽이 꾸며진 사원 안은 밝고 맑은 분위기이고, 성가가 은은하게 울려 퍼지고 있었다. 중앙 신전은 시크교의 경전인 '구루 그란트 사히브'가 안치되어 있는 성전이었다.

사원 뒤쪽 연못에서는 많은 순례자들이 목욕을 하고 비단 잉어가 머리를 불쑥 내밀며 숨을 몰아쉬었다가 들어가곤 하였다.

회랑을 몇 바퀴 돌자 어둠이 밀려오기 시작했다. 석양 무렵의 연못에 비추어진 황금사원의 모습은 전등 빛에 반사되어 오색찬란한 빛깔로 빛나고 있었는데, 그 모습이 어찌나 아름답던지. 이 아름다운 반영(反影)의 실경(實景)을 어찌 다 세속인의 카메라로 재현할 수 있겠는가?

내일이 설날이라 집안이 궁금하고 걱정이 되어 전화 다이얼을 돌리니 반가운 아내의 목소리가 들린다. 집안 안부를 걱정하는 남편에게 집안 걱정하지 말고 몸 건강히 여행을 잘 다녀오라고 오히려 위로를 해준다. 그런 아내가 고맙고, 미안하고, 사랑스러울 뿐이었다.

스물아홉번째날

음력으로 새해의 첫날이 되었다. 아침 6시경에 일어나 고국을 향해 절을 하며 가족의 건강과 행복을 축원하였다. 양력과 음력의 초하루를 이국땅에서 보내는 감회가 조상님께는 불효이고, 가족에게는 미안한 마음이 들어, 가뜩이나 외로운 나그네의 마음을 더욱 쓸쓸하게 만들었다.

오늘의 일정은 파키스탄 (Pakistan)의 동부에 위치한 편잡주 주도인 라호르 (Lahor)의 박물관을 찾아가기 위해서 인도의 국경 마을 Waghar Border까지 버스를 타고 24km를 달려갔다.

인도와 파키스탄의 국기가 나란히 펄럭이고 있었으나, 양국 국경 수비대는 긴장된 분위기 속에서 대치하고 있었다. 1947년 8월 15일 200년간의 영국의 식민통치로부터 벗어난 인도는 종교 분쟁으로 인도와 파키스탄으로 분리 독립

라호르 박물관 전경

인도 국경 수비대

된 이후 세 차례의 전쟁을 치뤘다.

　오늘날은 군비경쟁을 벌여 양측 모두 핵무기와 미사일을 보유하고 있는 국가라는 점에서 국제적 관심이 집중되고 있다. 양국의 적대관계가 계속되어 출입국 절차가 매우 까다롭고 복잡하였다.

　파키스탄은 한국인에게는 무비자로 입국을 허용하지만, 양국을 통한 출입국 절차는 여권에 찍어준 도장의 숫자만큼이나 까다로웠다.

　파키스탄 쪽의 와가에서 30㎞떨어진 라호르까지는 버스로 2시간 정도 달려 도착하였다. 아뿔사! 수요일은 "라호르 박물관" 이 쉬는 날이란다. 다시 파키스탄 국경을 넘어 인도로 돌아가야만 했다.

　이번 여행은 파키스탄을 왔다간 것으로 만족하고 다음을 기약하면서 무거운 발걸음을 되돌렸다. 파키스탄 국경 수비대원과 기념사진을 촬영하고 인도의 국경 마을로 다시 돌아왔다.

인도와 파키스탄 국경 경비초소에는 매일 5시에 거행되는 국기 하강식을 보기 위하여 1,000여 명의 관광객들이 모여들었다. 그들은 작은 광장의 스탠드에 자연스레 앉아서 구경을 하였다. 의장대의 장엄한 의식과 상대 국가의 기 (氣)를 꺾고, 경멸하는 듯한 코믹한 연기에는 웃음이 절로 나왔다.

양국의 국경 수비대원들은 장신에 외모가 출중한 것이 엘리트 병사들을 선발해서 배치한 듯한 느낌을 받았다.

인도와 파키스탄은 모든 삶의 방식과 문화가 비슷하지만, 종교적인 문제로 분리 독립된 국가이기 때문에 국민적 적개심이 우리나라의 남·북한보다 더 심각해 보였다.

인도와 네팔, 파키스탄의 청년 및 대학생들이 한국인에 대해서 관광 안내를 자청하며 우호적이고 지나치게 친절하여 오히려 내가 그들을 의심하고 경계를 하는 경우도 있었다. 여행 중 나에게 호의를 베풀어 주었던 이곳 청년 몇 사람은 자신을 한국으로 초청해서 직업을 알선해 주기를 집요하게 부탁하고 주소와 전화번호를 적어달라고 졸라서 나를 당황하게 만든 경우도 있었다.

인도의 국경 마을 Waghar Border에서 암리차르행 버스를 타고 오전에 왔던 24km 길을 되돌아왔다. 라호르에

 파키스탄

인도의 회교도들이 제1차 세계대전 후 인도에서 분리하여 독립한 나라이다.
수도는 이슬라마바드이고, 우르두어가 공용어이다.
한국인에게는 무비자로 입국이 허용된다.

관한 정확한 정보도 없이 경솔하게 욕심만 가지고 떠나온 것을 자성하며, 오늘 일을 거울삼아 앞으로는 이런 시행착오를 반복하지 않겠다는 다짐을 했다.

암리차르의 관광 중심은 황금사원을 중심으로 그 주변의 구시가지인 바자르 (시장)를 구경하고, 독립운동의 전환점이 된 "잘리안왈라 (Jallian Wallah Bagh) 정원"을 보는 일이다.

이 정원은 영국이 발표한 집회 금지령에 반대하는 인도 민중들이 1919년 4월 13일에 모여 궐기하다가 기총사격을 받아 많은 희생자를 낸 곳으로 유명하다. 지금도 이 참극의 현장을 방문하는 인도인 순례자의 발길이 끊이지 않고 있었다. 갑자기 같은 해에 일어난 한국의 3·1 만세 운동이 생각났다.

저녁식사를 하기 위해 황금사원에서 조금 떨어진 바자르의 한 레스토랑을 찾아갔다. 늦은 시간인데도 홀 안에는 많은 손님들로 소란스러웠다. 모처럼 큰 맘 먹고 위스키 한 병과 탄도리치킨을 주문하였다.

시크교도와 주점에서

홀 안에는 건장한 체격에, 허리춤에 작은 칼을 차고, 수염이 덥수룩하며, 머리에 터번을 두른 산적같이 보이는 아리안 계의 시크교도로 초만원이었다. 우리 일행을 바라보는 이들에게 심리적으로 약간 위축이 되었으나 시선을 주지 않고 만찬을 즐기며 위스키 석 잔을 마시니 조금 취기가 올랐다.

우리 쪽의 Y씨 부인을 바라보며 윙크를 보내던 옆 좌석의 10여 명의 시크교도들을 디지털 카메라로 촬영하여 즉석에서 보여주니 좋아들 하였다. 홀 안에 여자라고는 Y씨 부인이 유일했기 때문에 관심을 보였던 것이다. Y씨 부인과 함께 찍어 달라며 위스키 한 잔을 나에게 권한다. 이러다 보니 자연스럽게 합석이 되었고 자신들은 방송국 기자라고 소개하며 주거니 받거니 하는 가운데 초면인데도 친밀감은 깊어만 갔다.

DATE 서른번째날

아침 7시에 일어나 황금사원의 Sun-rise를 배경으로 좋은 작품을 만들어 보겠다는 욕심을 갖고 카메라 셔터를 계속 눌러댔다.

황금사원에서 무료로 제공하는 식사를 하기 위해서 밥상공동체의 나눔의 대열에 동참하였다. 길게 줄을 지어 앉아 있는 사람에게 빠짐없이 수프와 짜파티를 제공하고 있었다. 식당 뒤편 주방에서는 많은 시크교도의 자원 봉사자들이 음식을 만들고 있었다.

한쪽에서는 커다란 솥에 수프를 끓이고, 다른 한쪽에서는 시크 여성들이 정성스런 손길로 짜파티를 빚어 화덕 위에 프라이팬을 올려놓고 굽고 있는 모습이 평화롭고 행복해 보였다.

10시, 다음 여행 목적지인 "다람살라"(Dharmsala)로 가기 위하여 암리차르의 황금사원을 출발하였다.

이곳에서 논스톱으로 다람살라까지 가는 교통편이 없어 파탄곳

다람살라의 아침

(Pathankot)까지 나가 버스를 갈아타야 했다. 인도를 여행하면서 교통 수단으로 주로 버스를 이용하였으나, 파탄곳에서 다람살라로 가는 도로는 엉망진창이었다.

히말라야 중턱에 자리 잡고 있는 산속의 도시인 다람살라를 찾아가는 산비탈 길은 모래와 자갈이 섞인 사질토라고 한다. 그렇기 때문에 비가 오면 천길 낭떠러지에서 산사태가 나고, 다음에는 그곳을 보수한 다음에 자동차를 운행시키기 때문에 시간도 많이 걸리고 교통이 며칠 씩 두절되는 경우도 많다고 한다. 지금은 다행히 우기가 아니기 때문에 12시간 정도 걸려 목적지에 도착할 수 있었다.

북인도에 위치한 "다람살라"는 만년설을 이고 있는 히말라야의 경관은 물론이거니와 티베트 문화의 중심지로서 젊은 여행자들이 관심을 갖고 즐겨 찾는 곳이다.

티베트는 독립을 유지하기 위한 노력이 허사로 돌아가고, 1959년 독립을 위해 중국에 항거하다가 무력 탄압으로 중국에 병합되어 자치구가 되었다. 라마교 (티베트 불교)의 지도자로서 숭상 받고, 정치적 지도자로 활약 중인 달라이 라마 (Dalai Lama 14세)는 수도 라싸 (Lhasa)를 탈출해서 인도에 망명하여 이곳 다람살라에 안주할 수 있는 땅을 얻었다.

티벳 임시정부

달라이 라마는 이곳에 티베트 망명정부를 세웠고, 정신적 지주인 달라이 라마를 따라서 수십만의 티베트 난민들이 대부분 이 도시를 비롯하여 히말라야 산간 지대에 정착하고 있었다.

다람살라는 크게 두 개의 지구로 나누어지는데, 상서리 버스정류장이 있는 Lower Dharmsala와 이곳에서 약 10km 위에 있는 Upper Dharmsala가 그것이다.

티베트인이 거주하고 여행자가 많이 모이는 곳은 위쪽의 맥레오드 간지라 불리는 곳으로 아랫마을로부터 버스가 자주 다니고 있었다.

미니버스 정류장에서 바자르로 들어가면 티베트의 다양하고 풍부한 민예품을 파는 가게가 줄지어 있고 값 싼 티베트 레스토랑이 많았다.

언덕 위에 높은 철조망으로 둘러싸인 초라한 집이 달라이 라마가 거처하는 티베트의 망명정부 청사라고 하는데, 이제는 독립의 기운을 드날리던 세월은 덧없이 지나가고 초라하게만 느껴졌다.

몇 명의 경비원들이 의심스런 눈초리로 내 쪽을 힐끗힐끗 쳐다보고 있었다. 달라이 라마의 한국 방문이 중국과 외교관계를 고려하여 성사되지 못하여 심기가 불편하기 때문에 경비원들도 호의적인 반응을 보이지 않았다.

가까이 가서 경비원에게 한국 방문에 대해서 물어보니 중국의 방해공작으로 계획이 취소된 사실에 대하여 많은 아쉬움을 느끼고 있음이 역력했다. 그러나 가까운 시일 내에 반드시 한국을 방문할 수 있을 것이라는 자신감을 표현하였다.

다람살라는 별로 관광할 곳은 많지 않았으며 우리나라의 지리산 청학동을 연상케 하는 히말라야 산중턱에 위치한 요새 형태의 지역으로 망명정부의 작은 도시 국가처럼 보였다.

설산의 야크를 닮은 티베트인들의 문화가 한 폭의 그림처럼 고요히 자리 잡은 곳. 티베트의 정치, 경제, 정신, 문화, 음식의 향기가 새롭게

다람살라 전경

피어나는 곳. 언제쯤 돌아간다는 기약도 없는 늙은 망명객은 눈물지며 뚱바 한 잔을 들이키며 한숨만 짓고 있었다.

산 높은 도시를 거닐 때 오락가락하는 저 뜬구름들은 이들의 기원을 어찌 다 감당할 수 있을까?

늦은 저녁 시간에 식사를 하려고 길거리를 서성거리는데 갑자기 정전이 되어 칠흑 같은 어둠으로 지척을 분간할 수가 없게 되었다. 조금 서있으니 점포마다 희미한 촛불을 하나 둘씩 내걸었고, 손전등을 가진 사람들이 오가고 있었다. 다람살라는 전기 사정이 여의치 못하여 매일 밤 1~2시간씩 정전이 된다고 한다.

지나가는 흑인 아가씨에게 레스토랑을 물어보니 자기도 티베트 레스토랑을 가는 길이라며 따라오라고 손짓을 하였다. 좁디좁은 미로를 따라 도착한 곳은 외관상으로는 허름한 건물이었는데 홀 안은 정리정돈이 잘되어 깨끗한 상태를 유지하고 있었다.

한 쪽 벽에는 달라이 라마의 초상화를 걸어 놓았는데, 초상화 주위를 곱게 단장하여 정성을 들인 모습이었다. 나를 이곳까지 안내해온 흑인 아가씨는 티베트 의학을 공부하려고 2년 전 미국에서 온 유학생이라고 하였다.

전통 티베트 음식

다람살라의 티벳 음식점

으로 한국의 만두와 똑같은 모양의 모모와 야크고기에 약간의 야채를 넣어 끓인 국수 (툭파) 맛은 지금까지 먹어본 음식 중에 정말 별미였다. 티베트 음식이 약간 맵고 짠맛이 나기 때문에 한국인의 입맛에 맞는 모양이다.

식사 후에 유학생은 숙소도 자기 묵고 있는 호텔이 전망도 좋고 가격도 저렴하다며 같이 갈 것을 권하였다. 그녀의 호의에 고마운 마음으로 따라나섰다.

서른한번째날

새벽같이 일어나서 현관문을 열고 나가니 10평 남짓한 베란다가 있고 정남향으로 시야가 확 트여 다람살라 전경을 한눈에 바라볼 수 있었다. 또한 직선으로 100m 정도의 거리에 있는 티베트의 망명정부 청사가 손에 잡일 듯 가까이 보였고, 서쪽으로는 히말라야의 설경이 자태를 드러내고 있어 감탄이 절로 나오는 아주 전망이 좋은 곳이었다.

하늘에는 구름 한 점 없는 청명한 날씨이다. 어둠을 꿰뚫고 서서히 밝아오는 여명의 빛을 바라보면서 가슴 속 깊이 끓어오르는 미래에 대한 도전과 각오를 다지며 잠시나마 나이를 잊은 채 혼자서 환희에 젖는 행복을 누려 보았다.

한 겨울이라는 것이 도무지 믿어지지 않을 정도로 햇볕이 강렬하게 내리쬐는 히말라야 산자락의 산책로를 따라 맥로그로드에서 2km 떨어진 곳에 위치한 작은 "박수폭포"를 찾아가는 나그네의 이마에 땀방

박수폭포

울이 흘러내리고 있다.

다람살라 지역은 자연과 더불어 조용히 휴식을 취하면서 명상의 시간을 갖는 것 말고는 워낙 볼거리가 없는지라 그나마 이것이 볼거리로 알려져 찾아왔지만 실망이 컸다.

오후에는 숙소로 돌아와 따뜻한 물로 샤워를 하고, 그동안 미루어 두었던 옷가지를 세탁해서 베란다 빨래 줄에 널고 오랫만에 휴식의 시간을 가졌다.

베란다에서 바라본 산자락의 도시가 평화롭고 한가로워 보였다. 원숭이가 이 집, 저 집 담장을 자유롭게 넘나들며 재롱을 부리고 있는 모습도 눈에 들어온다. 배가 고프면 주방을 마구 뒤져 먹을 것을 훔쳐가고 심통을 부리기 때문에 이곳 사람들은 창문 단속을 단단히 한다고 했다.

잠시 자리를 비운 사이 원숭이란 놈이 내가 널어놓은 빨래를 훔쳐가 앞집 지붕 위에 앉아서 물어뜯으며 약을 올리는 것을 바라보면서 이번 여행을 조용히 결산해 본다.

짧은 기간에 나이에 걸맞지 않게 중·북부 인도와 네팔까지 많은 지역을 돌아다니면서 나의 과거 뿌리를 찾아서 여행을 한 듯한 느낌에 젖어들었다. 인도로 가는 길은 수없이 열려 있고 그 길엔 항상 여행자들로 넘쳐 있었다.

꿈을 찾아 떠나온 어떤 젊은이, 전생을 만나 고향의 향수를 느끼러 왔다는 나이가 지긋한 사람, 역사의 실체를 대면하려는 사람, 종교에 귀의하려는 사람 등.

다 자란 연어가 본능에 따라 태초의 고향을 향해 오듯, 이 모든 사람들은 마음의 바다이며 영혼의 고향인 이곳을 찾아오는 나그네들일 것이다. 그 바다에서 만나는 수많은 우연들은 나의 인생을 격려하고 삶의 본질이 무엇인가를 대답해 주기 위해 준비된 인연이라고 생각해 보았다.

대부분의 것들이 이국적인 나라, 하지만 동시에 전혀 낯설지 않은 양면성을 가진 나라 인도. 이 나라에서 보고, 듣고, 경험하고 느낀 것을 내 가슴속과 배낭에 얼마나 채워갈 수 있을까 하고 생각해 보았다.

인도는 천의 얼굴을 가지고 있어 여행자를 반기는 마술의 나라와 같았고, 나의 감동이 받아들이는 정도에 따라 인도와 교감을 할 수 있었던 것 같다. 인도는 개개인이 자신의 마음을 열어놓은 만큼 담아올 수 있는 나라였다. 인도를 마음 편하게 받아들이면 인도는 전혀 낯설거나 위험한 나라가 아니다. 그러나 인도를 경계하고 한시도 마음을 놓지 않으면 인도는 끝내 참모습을 드러내지 않는 나라라고 생각되었다.

나는 여행 중 인도에서 독특한 분위기의 신비감과 영혼의 안식처와도 같은 평화로움을 느끼기도 했지만, 때로는 거지와 무질서로 표현되는 낙후된 사회와 뒷골목의 지저분한 거리를 바라보며 안타까운 마음에 사로잡혀 힌두를 원망하기도 하였다.

여행자에 따라 긍정과 부정이 공존하는 수수께끼의 나라 인도는 생각할수록 재미있는 나라임에 틀림 없었다.

서른두번째날, 서른세번째날

그동안 서로 각자의 일정에 따라 독립하여 여행지를 달리하였던 팀 동료들과 재회하기 위하여 모든 여행 일정을 마치고 뉴델리로 향하는 투어버스에 몸을 싣고 밤새 달렸다.

지금쯤 팀 동료들은 인도의 어느 지역에서 여행 일정을 마무리하고 뉴델리를 향해서 달려오고 있을까? 또한 그들은 인도에서 무엇을 보고

오토릭샤를 타고

느꼈으며, 무엇을 체험하고 자랑을 해올지 생각에 잠기어 보았다.

유난히 덜커덩거리는 버스의 어두운 조명 속에서 자다 깨다를 반복하며 억지로 잠을 청한 지 얼마 안 되어 목적지인 뉴델리 장거리 버스 터미널에 도착하였다. 출발부터 도착까지는 12시간이 소요되었고, 도착 시간은 오전 8시였다.

서둘러서 오토릭샤를 타고 팀 동료들과 다시 만나기로 약속한 Sweet Dream Hotel로 달려갔다. 그러나 아무도 보이지 않아 주인에게 물어보니 캘커타에서 델리로 오는 기차가 5시간 정도 연착되어 조금 늦게 도착할 것 같다는 전화 연락을 해왔다고 전해 주었다.

Smyle Inn Hotel에 숙소를 정하고 동료들이 올 때까지 코노트 플레이스로 나가 중앙의 분수대 주위의 잔디공원 나무 그늘 아래에서 조용히 휴식을 취하며 시간을 보냈다. 그러나 잡상인과 안마사, Ear Cleaner라고 부르는 귀지를 파주는 사람 등이 계속 접근해 와서 조용히 쉬도록 놓아두지 않았다.

관광지 상인

오후 5시가 되어 호텔로 돌아오니 팀 동료들이 도착하여 기다리고 있었다. 서로 반갑게 포옹하며 인사를 나누고 그동안 각자의 여행에서 즐거웠던 여행담을 자랑하듯 늘어놓았다.

길잡이를 따라간 팀은 바라나시에서 인도 제2의 도시이며 인도의 선진성을 과시하는 캘커타 (Calcutta)를 거쳐, 힌두교의 성지이며 해변의 휴양지인 푸리 (Puri)에서 휴식을 취하다가 왔다고 하였다.

Y씨와 내가 다녀온 여행코스는 바라나시에서 독립한 뒤 룸비니, 네팔의 카트만두, 포카라, 안나푸르나봉 트레킹을 마친 뒤 다시 인도로 돌아와 하르드와르, 리쉬케쉬, 다람살라를 거쳐 델리에 왔다고 하니 모두들 믿지 않는다는 듯 놀랠 뿐이었다.

시간가는 줄 모르고 술잔을 주거니 받거니 친목을 다지며 이야기를 나누다가 숙소로 돌아왔다.

서른네번째날

DATE

오늘이 이번 여행의 마지막 날이다. 미니버스를 대절하여 시내를 관광한 후에 바로 공항으로 직행하도록 일정을 잡았다.

먼저 찾아간 곳은 Old Delhi의 명소로 빨간 성 "랄 킬라" (Lal Qila)

간디 동상

간디 추모일

였다. 무굴 왕조 제5대 황제인 샤 자한에 의해서 1639~1648년에 건립된 성으로 빨간 사암으로 건축된 당당한 성벽이 인상적이었다.

랄 킬라 성문을 나오니 거리는 활기가 넘쳤다. 델리의 중심 대로로 번화가인 찬드니 초우크에 가서 오가는 많은 인파에 휩쓸려 걷다가 구 시가지에 우뚝 솟은 거대한 모스크 자마 마스지드 (Jama Masjid)를 구경하였다.

이 모스크 역시 무굴 왕조의 황제 샤 자한에 의해서 1658년 건축되었다고 한다. 인도의 대표적 건축물인 아그라의 타지마할, 델리의 랄 킬라와 자마 마스지드는 모두 인도의 건축광 샤 자한의 작품들로서 현존하는 인도 최고의 걸작품들이다.

이 건물들은 오늘날 인도의 관광 수입에 크게 기여하고 있을 뿐만 아니라 세계 건축사에도 중요한 부분을 차지하고 있음은 두 말 할 필요가 없다고 생각되었다.

랄 킬라의 뒤편의 야무나 강변으로 달리는 마하트마 "간디 로드" 따라 남쪽으로 내려가는 곳에 강가가 있다.

이곳에는 비폭력과 무저항에 의한 저항을 역설하며 인도의 독립운동을 이끈 국부 마하트마 간디 (Mahathma Gandhi)가 화장된 곳이다.

1948년 1월 30일 힌두 극우파에게 테러를 당한 이후 "위대한 혼"의 유해는 화장되어 힌두의 관습에 따라 그 재를 강에 흘려 보내고, 묘는 아니지만 그 자리에는 그의 동상이 서 있고, "영원히 꺼지지 않는 불"이 훨훨 타고 있었다.

오늘이 간디 서거 추모일로 추모행사가 열리고 있었는데, 그 분위기가 매우 엄숙했다.

다음에 찾아간 곳은 제1차 세계대전 중 전사한 9만 명의 인도 병사를 위한 위령비를 세워놓은 "인도 게이트" (India Gate)를 둘러보고, 시내에서 조금 떨어진 곳에 위치한 증기 기관차가 있는 "철도 박물관"을 구경하였다.

그러나 꼭 관람을 해야 할 인도 문명의 보고 국립박물관을 찾아갔으나 관람은 오후 5시까지이기 때문에 들어가지 못하고 매표구 앞에서 서성거리다가 아쉬움만을 남

긴 채 발길을 돌렸다.

델리 시내 관광을 마친 우리 일행은 전세버스를 타고 인디라 간디 공항으로 달렸다. 그러나 서로 헤어지기가 섭섭하여 공항으로 가는 도중 한 레스토랑에 들러 해단식 겸 만찬회식을 통해 그동안의 우정을 고마워하며 석별의 정을 나누었다.

공항에 도착한 우리는 각자 출국수속을 마치고 23시 15분에 출발하는 인천행 대한항공에 탑승하여 홍콩을 경유 인천에는 다음 날 오후 1시 20분에 도착하였다.

이렇게 하여 많은 깨달음을 얻게 해 준 나의 인도여행이 끝났다.

환영 나온 아내의 손을 잡고 귀가하면서 비로소 내가 한국 땅에 왔다는 것을 실감하였다.